AF532597

Reclam Literaturunterricht

Sachanalysen. Stundenverläufe. Arbeitsblätter

Theodor Fontane
Effi Briest

Von Joachim Hagner

Reclam

Für Fanny

Abkürzungen und Symbole

EA Einzelarbeit
PA Partnerarbeit
GA Gruppenarbeit
UG Unterrichtsgespräch
LV Lehrervortrag
SV Schülervortrag

* Kennzeichnung eines zusätzlichen Arbeitsauftrags, Arbeitsblatts bzw. Unterrichtsschritts (für Binnendifferenzierung)
HA Hausaufgabe

Verweis auf die zugehörige Ausgabe:
Theodor Fontane: Effi Briest. Roman. Hrsg. von Wolf Dieter Hellberg. Stuttgart: Reclam, 2021 [u.ö.]. (Reclam XL. Text und Kontext. 16107.)
Stellenangaben mit Seiten- und Zeilenzähler beziehen sich auf diese Ausgabe.

Code für editierbare Arbeitsblätter und Vorlagen

Alle für den Unterricht benötigten *Arbeitsblätter* und *Vorlagen* (Bilder und Texte) sind digital auf der Webseite **www.reclam.de/lehrer_effibriest** zum Download verfügbar. Bitte geben Sie folgenden Code ein:

 **xLHHGLFU**

Sollte diese Publikation Links auf Webseiten Dritter enthalten, so übernehmen wir für deren Inhalte keine Haftung, da wir uns diese nicht zu eigen machen, sondern lediglich auf deren Stand zum Zeitpunkt der Erstveröffentlichung verweisen.

Reihenkonzept: Max Kämper

Reclam Literaturunterricht | Nr. 15827
2023 Philipp Reclam jun. Verlag GmbH,
Siemensstraße 32, 71254 Ditzingen
Druck und Bindung: Elanders Waiblingen GmbH,
Anton-Schmidt-Straße 15, 71332 Waiblingen
Printed in Germany 2023
RECLAM ist eine eingetragene Marke
der Philipp Reclam jun. GmbH & Co. KG, Stuttgart
ISBN 978-3-15-015827-2
www.reclam.de

Inhalt

Vorbemerkung

Eine junge Frau heiratet, hat eine Affäre, wird geschieden und stirbt: So knapp könnte man zusammenfassen, was in *Effi Briest* geschieht. Zugleich schlägt der Roman aber eine solche Vielzahl gesellschaftlicher, politischer und ästhetischer Themen an, dass der amerikanische Historiker Gordon A. Craig sagen konnte: »Kein Schriftsteller seiner Zeit hat so viele Themen behandelt wie er.« Diese werden vor allem in Gesprächen entfaltet, in denen verschiedene Positionen – darunter auch die, die sich dem Autor zuweisen lassen – einander konfrontiert werden, und zwar ohne dass der Erzähler einer den klaren Vorzug gäbe. Solche »Vielstimmigkeit« (Norbert Mecklenburg) hat den Vorteil, dass den Leserinnen und Lesern die Urteilsbildung nicht abgenommen wird, und das ist einer der Gründe dafür, dass sie in den Bann des Textes geraten. Hinzu kommt, dass *Effi Briest* bis ins Kleinste durchkomponiert und wohlproportioniert ist, dass Inhalt und Form eine rätselhaft vollendete Verbindung eingehen und dass sich diese formale Meisterschaft nie aufdrängt, sondern unbewusst wirkt: Sie bildet den Sinn für große Erzählkunst auch da, wo sie gar nicht im Einzelnen erschlossen wird.

Was *Effi Briest* aber mehr als alles andere bleibende Aktualität sichert, sind die Einblicke, die der Roman in das Innere seiner Figuren, insbesondere in das der titelgebenden Hauptfigur gewährt. Auf diese Weise wird in *Effi Briest* in paradigmatischer Weise gezeigt, welche zerstörerischen Folgen es hat, wenn ein junger Mensch von anderen, autoritären Personen in eine bestimmte Richtung gedrängt wird, bevor er sich über seine Bedürfnisse und Wünsche klar werden und eine Sprache dafür finden konnte. Das vor allem ist der Grund, weshalb auch heutige Schülerinnen und Schüler noch von der Lektüre von *Effi Briest* profitieren.

Benutzungshinweise

Der Band enthält zehn aufeinander aufbauende Unterrichtsstunden und eine Klausuraufgabe mit Lösungsvorschlag.

Jeder Entwurf einer Unterrichtsstunde besteht aus zwei Teilen:
- **Sachanalyse** mit einem praxisorientierten, auf den Unterrichtsverlauf bezogenen Interpretationsangebot
- **Unterrichtsverlauf** mit (a) kurzem Überblick über Thema und Ziel, (b) den Unterrichtsschritten in tabellarischer Übersicht und (c) ausführlichen Erläuterungen zu den einzelnen Unterrichtsschritten

Jede Unterrichtsstunde bietet alle für den Unterricht benötigten Materialien:
- kopierfähige **Arbeitsblätter** (ggf. mit Lösungshinweisen im Anhang)
- **Vorlagen** (Bilder oder Texte)
- **Tafelbilder** (Vorschläge für die mediale Präsentation)

Die Unterrichtsstunden enthalten an allen geeigneten Stellen Hinweise für
- einen möglichen **verkürzten Verlauf** (als **fakultativ** gekennzeichnete Unterrichtsschritte)
- eine mögliche **Binnendifferenzierung** (die entsprechenden Arbeitsaufträge auf erhöhtem Niveau sind mit einem Asterisk * gekennzeichnet)

Textgrundlage ist die Ausgabe:

Theodor Fontane: Effi Briest. Roman. Hrsg. von Wolf Dieter Hellberg. Stuttgart: Reclam, 2021 [u. ö.]. (Reclam XL. Text und Kontext. 16107.)

Hinweis: Die Reihe *Reclam Literaturunterricht* achtet auf gendergerechte Sprache. Aus Gründen der Lesbarkeit wird in seltenen Fällen davon abgewichen, immer sind aber alle Geschlechter gemeint.

1 Die »Tochter der Luft« (7,3 f.) Effi als Hauptfigur charakterisieren

Sachanalyse

Wenn Schülerinnen und Schüler heute nach zwölf oder dreizehn Jahren Deutschunterricht die Schule verlassen, haben sie eine Fülle von Gedichten, Erzählungen, Romanen oder Dramen interpretiert, ohne dass sie deshalb die Frage beantworten könnten, was genau diese Tätigkeit eigentlich ausmacht. Die wiederholten Bedeutungsveränderungen, die das Interpretieren in den Fachwissenschaften, der Fachdidaktik und der Bildungspolitik erfahren hat, machen es dabei auch den Lehrkräften schwer, diese Frage zu beantworten. Am Anfang dieses Unterrichtsmodells zu Theodor Fontanes *Effi Briest* steht deshalb eine Einheit, die ineins mit der Heranführung an den Text und die Charakterisierung der Hauptfigur den Schülerinnen und Schülern ein Verständnis dessen vermitteln will, was sie tun, wenn sie einen fiktionalen Text interpretieren. In dem Zusammenhang soll auch das Analysieren in seinem Verhältnis zum Interpretieren bestimmt werden. Im Ausgang davon werden Kriterien für überzeugende und weniger überzeugende Interpretationen vermittelt, so dass die Schülerinnen und Schüler in den Stand gesetzt werden, ihre je eigenen Interpretationen kriteriengeleitet zu vertreten und zu überprüfen.

Dazu schlage ich ein Verständnis von Interpretieren vor, dessen Grundlage das vom New Criticism propagierte *close reading* ist, ohne dass dabei jedoch die formalen Aspekte so sehr in den Mittelpunkt gestellt würden, wie das bei dieser ganz und gar werkzentrierten literaturwissenschaftlichen Schule häufig der Fall war. Entsprechend werden auch andere Werke des Autors und die relevanten werkgeschichtlichen, geistesgeschichtlichen, historischen und soziologischen Kontexte nicht ausgeblendet. Sie kommen aber erst ins Spiel, nachdem zuvor – auf unterschiedlichsten Wegen – die inhaltlichen und formalen Besonderheiten des Romans durch eine gründliche, detaillierte Lektüre erschlossen wurden. Dieser erste Schritt stellt die Analyse des Werks im Sinne der Erschließung seiner einzelnen Bestandteile dar.

Im zweiten Schritt wird dann die Frage gestellt, welche Gründe es haben könnte, dass an einer bestimmten Stelle des Werks genau das steht, was dort steht, und nicht etwas anderes. Dieser Schritt, den die Lerngruppe methodisch im Unterrichtsschritt 7.8 reflektiert, macht die Interpretation aus, die hier entsprechend als die Ermittlung möglicher Gründe für Gestaltungsentscheidungen verstanden wird: Wer interpretiert, stellt begründete Hypothesen darüber auf, warum an einer bestimmten Stelle z. B. eine Figur eben das sagt, was sie dort sagt, warum eine Landschaftsbeschreibung aufgenommen und in einer bestimmten Weise gestaltet wird, ein hypotaktischer Satzbau statt eines parataktischen gewählt oder Anführungszeichen in einer bestimmten Weise gesetzt werden.

Die Begründungen müssen dabei zunächst auf das Werk selbst und seine zentralen Anliegen Bezug nehmen. Sie können es anschließend aber auch überschreiten, indem sie sich auf die relevanten Kontexte berufen, in denen es steht. Der Ausgang vom Werk und seinen zentralen Anliegen hilft dabei zu entscheiden, welche Kontexte tatsächlich relevant sind.

Die Stimmigkeit der jeweiligen Begründung – mit Blick auf die einzelne Textstelle, das Werk als Ganzes, andere Werke des gleichen Autors und die relevanten Kontexte – ist dann das Kriterium für die Überzeugungskraft der Interpretation.

Eine von deren Schwierigkeiten stellt die Ermittlung der zentralen Anliegen eines Werks dar, die mit Blick auf Effi Briest im Unterrichtsschritt 2.8 als Hypothese formuliert und im Unterrichtsschritt 9.3 dann überprüft wird. Die Erkenntnis dieser zentralen Aussagen ermöglicht es, die verschiedenen einzelnen Interpretationen, zu denen man in der Auseinandersetzung mit dem Text gelangt, in eine Ordnung zu bringen, und das, was darin bedeutsam ist, von dem weniger Bedeutsamen zu unterscheiden. Sie verhindert, dass man untergeordnete Aspekte für die wesentlichen hält, oder angesichts einer Fülle von Aspekten den Überblick und viel zu oft dann auch die Lust am Lesen und Interpretieren verliert. Deshalb ist die Frage so wichtig, wie man sich auf die zentralen Aussagen eines Textes leiten lassen kann. Die Spannbreite fiktionaler Texte macht eine pauschale Beantwortung dieser Frage natürlich unmöglich, und mitunter muss die Antwort sogar für verschiedene Werke des gleichen Autors unterschiedlich ausfallen. Ein Autor wie Fontane macht es einem aber insofern etwas leichter, als er den Anspruch hatte, dass »[b]ei richtigem Aufbau […] in der erste[n] Seite der Keim des ganzen stecken«[1] muss. Danach müsste es möglich sein, durch

1 Theodor Fontane, *Werke, Schriften und Briefe*, hrsg. von Walter Keitel und Helmuth Nürnberger, Abt. IV, Bd. 3, München 1980, S. 101. Wenn nicht anders angegeben, beziehen sich alle Textverweise auf Werke Fontanes, sofern es sich nicht um *Effi Briest* handelt, auf diese Ausgabe. Sie wird im Folgenden im laufenden Text

eine gründliche, detaillierte Lektüre der ersten Seiten des Romans zu dessen zentralen Anliegen zu gelangen, und die zweite Unterrichtseinheit wird das denn auch im Detail überprüfen.

in Klammern als »WSB« unter der an dieses Kürzel nach einem Leerzeichen anschließenden Angabe der römischen Abteilungsnummer und nach einem Punkt der arabischen Bandnummer zitiert.

Unterrichtsverlauf

Überblick. Ziel dieser Unterrichtseinheit ist zum einen die Heranführung an den Text und die Hauptfigur und zum anderen die Vermittlung erster Elemente eines tragfähigen Verständnisses der Interpretation fiktionaler Texte. Dazu macht sich die Lerngruppe durch eine gründliche Lektüre zunächst ihre je eigenen ersten Leseeindrücke bewusst und sichert sie anschließend am Text. Gemeinsamkeiten und Unterschiede dieser Eindrücke sind dann Anlass zur Erarbeitung von deren Ursachen und zur Sicherung eines ersten Interpretations-Verständnisses. Durch das anschließende Verfassen einer Rollenbiografie nimmt die Lerngruppe textbasiert eine Figurenperspektive ein, um sich Charaktereigenschaften zu erschließen, und erprobt das bis dahin gewonnene Verständnis von Interpretation, indem sie insbesondere die Unbestimmtheitsstellen ausgestaltet und kriteriengeleitet beurteilt. Die Überprüfung der ersten Leseeindrücke durch eine Zweitlektüre unter einer bestimmten Fragestellung stärkt dann das Vertrauen der Lerngruppe in die selbständige Auseinandersetzung mit dem Text und macht ihr zugleich die Aspektabhängigkeit der Lektüre fiktionaler Texte bewusst.

Phase	Thema	Sozialform	Kompetenzen und Lernziele	Materialien
Voraussetzungen: keine				
1.1	Erstbegegnung mit dem Text	EA	• Die Lerngruppe stellt den idyllischen Eindruck fest, den der Text vermittelt, und sichert ihn entsprechend	ARBEITSBLATT 1a ➤ S. 11
1.2	Austausch der eigenen ersten Leseeindrücke	UG / LV	• Die Lerngruppe versteht das Lesen und Interpretieren fiktionaler Texte als einen begrenzt individuellen Vorgang	ARBEITSBLATT 1a ➤ S. 11 VORLAGE 1a ➤ S. 8 VORLAGE 1b ➤ S. 8
1.3	Eine Rollenbiografie aus der Perspektive Effis verfassen	EA	• Die Lerngruppe nimmt textbasiert eine Figurenperspektive ein und bestimmt Charaktereigenschaften Effis	ARBEITSBLATT 1b ➤ S. 12 f.
1.4	Präsentation und Besprechung der Rollenbiografien	SV / UG	• Die Lerngruppe beurteilt kriteriengeleitet Rollenbiografien	
1.5	Eigene erste Leseeindrücke überprüfen	PA	• Die Lerngruppe erkennt, dass der idyllische erste Eindruck unvollständig war und der Text Hinweise auf eine spätere katastrophale Entwicklung von Effis Leben enthält	ARBEITSBLATT 1a ➤ S. 11 ARBEITSBLATT 1c ➤ S. 14
1.6	Vorstellung und Diskussion der Ergebnisse	UG	• Die Lerngruppe gewinnt Zutrauen in die je selbständige Auseinandersetzung mit einem fiktionalen Text	ARBEITSBLATT 1a ➤ S. 11
HA	Lektüre des Romans und Anfertigung einer Kapitelübersicht	UG		ARBEITSBLATT 1d ➤ S. 15

1.1 Erstbegegnung mit dem Text

Unterrichtsschritt. Die Lerngruppe bearbeitet in Einzelarbeit die Arbeitsaufträge auf dem ARBEITSBLATT 1a ***Der Romananfang***. EA

Erläuterungen zu ARBEITSBLATT 1a. *Arbeitsauftrag 1:* Die Bewusstmachung der je eigenen Leseeindrücke soll zunächst die Schülerinnen und Schüler als Partner im Dialog mit dem Text aktivieren. Die Eindrücke werden dabei überwiegend auf eine Idylle hinauslaufen, und dadurch kann die Bewusstmachung der Leseeindrücke einen kontrastierenden Hintergrund zu den in Unterrichtsschritt 1.5 festzustellenden Hinweisen auf sich anbahnende Konflikte und Effis frühen Tod schaffen.

ARBEITSBLATT 1a ➤ S. 11

Arbeitsauftrag 2: Das Bestimmen der Textstellen, auf die der eigene erste Leseeindruck zurückgeht, soll die Lerngruppe gleich in der Erstbegegnung mit dem Text an eine gründliche, detaillierte Lektüre gewöhnen. Sie soll erfahren, dass solche Eindrücke nicht grundlos entstehen und dass es mitunter Details sind, die dabei eine entscheidende Rolle spielen. Weil die Erfahrung allein aber noch nicht das wünschenswerte Bewusstsein bedeutet, spricht die Lehrkraft das im Zusammenhang mit dem Austausch der Leseeindrücke in der anschließenden Phase ausdrücklich an.

1.2 Austausch der eigenen ersten Leseeindrücke

Unterrichtsschritt. Die Resultate der Einzelarbeit werden vorgestellt, diskutiert und in Gestalt der Tabelle auf dem ARBEITSBLATT 1a an der Tafel oder in einem entsprechenden digitalen Medium sukzessive ausgefüllt. UG / LV

Anschließend tauscht sich die Lerngruppe zu der *weiterführenden Frage* aus:

- Was könnten die Gründe dafür sein, dass sich die Eindrücke unterscheiden, obwohl doch alle den gleichen Text gelesen haben?

ARBEITSBLATT 1a ➤ S. 11
Lösungshinweise ➤ S. 111
VORLAGE 1a ➤ S. 8
VORLAGE 1b ➤ S. 8

Dadurch soll die Lerngruppe zu der Erkenntnis geführt werden, dass die Antwort auf diese Frage in den »Unbestimmtheitsstellen« fiktionaler Text liegt, die in einem kurzen Lehrervortrag (VORLAGE 1a ***Unbestimmtheitsstellen in fiktionalen Texten***) erläutert werden. Die Erläuterung wird der Lerngruppe anschließend vorgelegt. Am Ende dieser Phase hält die Lehrkraft die Erkenntnisse mit der VORLAGE 1b ***Zusammenfassung*** fest.

Erläuterungen zu ARBEITSBLATT 1a. Die erwarteten Ergebnisse finden sich in den Lösungshinweisen (s. dort). Bei dieser ersten Ergebnissicherung ist es wichtig, sich nicht sklavisch an den erwarteten Ergebnissen zu orientieren, damit die Lerngruppe die Erfahrung machen kann, dass sie einen eigenen Beitrag zur Lernprogression zu leisten vermag. Wenn also der Begriff »Idylle«, den die Lösungshinweise als Gesamteindruck vorschlagen, von niemandem genannt wird und stattdessen immer wieder z. B. von »heiler Welt« gesprochen wird, ist letzterer Begriff vorzuziehen. Indem die Lerngruppe ihre eigenen ersten Leseeindrücke kommuniziert, wird ihr bewusst, dass die Lektüre fiktionaler Texte einerseits etwas unhintergehbar Individuelles ist. Denn bei aller Übereinstimmung der Eindrücke im Sinne des Idyllischen wird es doch auch Unterschiede geben.

1.3 Eine Rollenbiografie aus der Perspektive Effis verfassen

Unterrichtsschritt. Die Lerngruppe bearbeitet in Einzelarbeit die Arbeitsaufträge auf dem ARBEITSBLATT 1b ***Rollenbiografie verfassen***. Sie wird darauf hingewiesen, dass die Rollenbiografien anschließend vorgetragen und von einer Jury beurteilt werden, deren Mitglieder jeweils für eines der vier Kriterien zuständig sind, die auf ARBEITSBLATT 1b genannt werden. EA

ARBEITSBLATT 1b ➤ S. 12 f.
Lösungshinweise ➤ S. 112

Erläuterungen. Fontane charakterisiert seine Figuren eher sparsam und oft indirekt, also durch die Wiedergabe dessen, was sie sagen, oder durch die Beschreibung ihres Handelns gegenüber anderen, ihrer Beziehung zu ihnen und ihrer Wirkung auf sie. Die Kategorisierung der bei der Lektüre des Textes Reclam XL 8,1–18,9 gewonnenen Kenntnisse und die entsprechenden Fragen sollen daher dafür sorgen, dass auch die indirekt vermittelten Charaktereigenschaften nicht übersehen werden. Dazu eignet sich die Rollenbiografie mit ihrem Fokus auf dem Han-

VORLAGE 1a

Unbestimmtheitsstellen in fiktionalen Texten

Jedes literarische Werk weist eine Reihe von Stellen auf, die der Philosoph Roman Ingarden in seiner Abhandlung *Vom Erkennen des literarischen Kunstwerks* (1968) als »Unbestimmtheitsstellen« bezeichnet hat. An solchen Stellen können wir nicht sagen, ob eine Person oder ein Gegenstand eine bestimmte Eigenschaft besitzt oder nicht, obwohl sie sie haben muss: Wird z. B. bei der Beschreibung einer Figur deren Haarfarbe oder -länge nicht erwähnt, gehen wir dennoch davon aus, dass ihr Haar eine bestimmte Farbe und Länge hat. Und das gilt auch für die Schicksale der Menschen: Häufig werden in literarischen Werken große Zeitspannen wie etwa die Kindheit einer erwachsenen Figur gar nicht erwähnt, obwohl sie eine Kindheit gehabt haben muss. Und in all diesen Fällen *konkretisieren* wir die Unbestimmtheitsstellen, indem wir sie mit *unseren* Vorstellungen davon ausgestalten, was für eine Haarfarbe oder Kindheit die Figur gehabt haben könnte. Diese Vorstellungen können dabei so unterschiedlich sein wie die Erfahrungen, gedanklichen Assoziationen oder Gefühlsregungen, die wir jeweils mit Haaren oder der Kindheit verbinden und die den Vorstellungen zugrunde liegen. Allerdings bedeutet das nicht, dass die Unbestimmtheitsstellen durch völlig beliebige Vorstellungen ausgestaltet werden können. Denn niemand wird auf die Idee kommen, dass ein Mensch anstelle von Haar etwa Nägel auf dem Kopf haben oder als Kind Papst gewesen sein könnte, wenn er im Text als Erwachsener Hilfskellner ist. Die Unbestimmtheitsstellen in literarischen Texten lassen also zum einen Spielräume für ihre Ausgestaltung durch individuell unterschiedliche Vorstellungen, wie sie selbst ein so unverdächtiges Wort wie »Schaukel« (5,21) auslöst: Wer etwa als Kind einmal von einer Schaukel gefallen ist und sich dabei vielleicht sogar verletzt hat, dessen idyllischer Gesamteindruck vom Textabschnitt Reclam XL 5,1–7,35 wird gewisse Eintrübungen aufweisen, die es bei jemandem nicht geben wird, der mit einer Schaukel ausschließlich beglückende Erinnerungen verbindet. Zum anderen schränken die Unbestimmtheitsstellen die Spielräume so weit ein, dass die Vorstellungen noch am Text gesichert werden können und man sich überhaupt darüber argumentierend austauschen kann.

VORLAGE 1b

Zusammenfassung

1. Leseeindrücke entstehen nicht grundlos, sondern werden vom Text und gerade auch von Details ausgelöst.
2. Die Lektüre fiktionaler Texte ist einerseits ein zutiefst individueller Vorgang, in den die Gefühlsregungen, Assoziationen und Gedanken des jeweiligen Lesenden einfließen.
3. Dass das möglich ist, liegt an den sogenannten »Unbestimmtheitsstellen«.
4. Fiktionale Texte setzen andererseits den individuellen Spielräumen bei der Bildung von Leseeindrücken – und entsprechend dann auch beim Interpretieren – Grenzen.
5. Dass fiktionale Texte solche Grenzen setzen, ist die Grundlage für einen argumentierenden Austausch über die je eigenen Leseeindrücke und Interpretationen.

deln gegenüber anderen und den Beziehungen zu ihnen besser als die übliche Charakterisierung, die im Charakter einer Figur die Summe unveränderlicher Eigenschaften sieht. Hinzu kommt, dass Rollenbiografien eher dazu herausfordern, die Unbestimmtheitsstellen, die die Lerngruppe gerade kennengelernt hat, innerhalb der durch den Text vorgegebenen Grenzen zu füllen und sie sich als elementaren Bestandteil fiktionaler Text noch einmal bewusst zu machen.

Im Ergebnis dürften die Rollenbiografien außerdem den idyllischen Gesamteindruck verstärken und damit einen kontrastierenden Hintergrund für die Feststellung von Hinweisen auf Konflikte und Leid schaffen, die Fontane bereits der ersten Seite eingeschrieben hat.

Die Ankündigung der Beurteilung der Rollenbiografien durch eine Jury soll eine gründliche Bearbeitung der Arbeitsaufträge motivieren. Denn die Möglichkeit, dass alle Mitglieder der Lerngruppe nicht nur in die Situation kommen können, ihre Selbstvorstellung vortragen, sondern auch die anderer oder deren Beurteilung in einer plausiblen Weise beurteilen zu müssen, dürfte eine oberflächliche Auseinandersetzung mit den Fragen unattraktiver erscheinen lassen.

Die Lösungshinweise zu Arbeitsauftrag 1 berücksichtigen nicht die möglichen Ausgestaltungen der Unbestimmtheitsstellen.

1.4 Präsentation und Besprechung der Rollenbiografien

Unterrichtsschritt. Die Rollenbiografien werden präsentiert und durch eine Jury beurteilt. SV / UG

Zuvor besetzt die Lehrkraft die Jury: Das kann geschehen, indem sie fragt: »Wer möchte jeweils die Zuständigkeit für eine bestimmte Frage und die Beurteilung ihrer Überzeugungskraft übernehmen?«

Anschließend weist die Lehrkraft darauf hin, dass die Rollenbiografien nach dem Vortrag durch die Jury beurteilt werden, indem die Jurorinnen und Juroren sich begründend zur Überzeugungskraft der Beantwortung der jeweiligen Frage äußern, und dass dann das Plenum noch einmal die Plausibilität der Beurteilungen überprüft. Die Lehrkraft betont dabei, dass in beiden Fällen keine Noten vergeben werden, sondern die Überzeugungskraft bzw. die Plausibilität unter Verweis auf entsprechende Gründe verbal dargelegt wird. Die Lehrkraft weist außerdem darauf hin, dass wegen der nochmaligen Überprüfung der Beurteilungen der Jury durch das Plenum eine Verteidigung der Selbstvorstellungen durch ihre Verfasserinnen oder Verfasser nicht erforderlich und daher auch nicht vorgesehen ist.

Erläuterungen. Bei einer stark leistungsheterogenen Lerngruppe kann es sich anbieten, die Zuständigkeit für die Beurteilungen Schülerinnen und Schülern zu übertragen, von denen die Lehrkraft weiß, dass sie diese Aufgabe gut bewältigen werden.

In Abhängigkeit von der zu erwartenden Unruhe und dem Zeitverlust kann die Jury nach der Beurteilung von zwei oder drei Selbstvorstellungen auch neu gebildet werden, und wo das geschehen soll, ist es umso wichtiger, dass die erste Jury mit Schülerinnen und Schülern besetzt wird, die in ihrer Tätigkeit vorbildlich sein können. Je nach dem sozialen Gefüge innerhalb der Lerngruppe und der Persönlichkeit der Vortragenden kann es bei den dann anschließenden Besetzungen sinnvoll sein, Schülerinnen und Schüler in die Jury aufzunehmen, die ihre Selbstvorstellung bereits vorgetragen haben, um ihnen den Wechsel vom Beurteilt-Werden zum Beurteilen zu ermöglichen.

Um die Bedeutung der Jury zu unterstreichen, bietet es sich an, ihre Mitglieder nicht von deren jeweiligem Platz aus agieren, sondern hinter räumlich exponierten Tischen Platz nehmen zu lassen, die die Lehrkraft schon vor oder unmittelbar zu Beginn der Stunde entsprechend positioniert.

1.5 Eigene erste Leseeindrücke überprüfen

Unterrichtsschritt. Die Lerngruppe bearbeitet in Partnerarbeit den Arbeitsauftrag auf dem ARBEITSBLATT 1c *Ausblick auf das Romanende* und vervollständigt so in einem erneuten Durchgang durch den Textausschnitt Reclam XL 5,2–7,35 die Tabelle auf ARBEITSBLATT 1a. PA

ARBEITSBLATT 1a ➤ S. 11

ARBEITSBLATT 1c ➤ S. 14

Erläuterungen. Der Arbeitsauftrag findet sich nicht auf dem ARBEITSBLATT 1a, obwohl die Ergebnisse dort festgehalten werden sollen.Könnte die Lerngruppe ihn bereits zur Kenntnis nehmen, wenn sie die Arbeitsaufträge 1 und 2 auf dem ARBEITSBLATT 1a bearbeitet, wüsste sie von Anfang an, dass der idyllische Eindruck trügt, und das würde die beabsichtigte Wirkung der Überprüfung der eigenen ersten Leseeindrücke beeinträchtigen: Denn durch diese Überprüfung soll die Lerngruppe erfahren, dass selbst eine gründliche, detaillierte Lektüre noch wichtige Einzelheiten übersieht und dass die Wahrnehmung solcher Einzelheiten auch abhängig von dem *Aspekt* ist, unter der man den Text betrachtet: So wird in diesem Fall die Suche nach Hinweisen für Effis spätere Entwicklung im ersten Kapitel durch die Information über diese Entwicklung und das Briefzitat veranlasst, und entsprechend würden andere Aspekte andere Details zutage fördern, die auch bei dieser Suche noch übersehen werden. Die Aufforderung zur Begründung des Hinweischarakters der jeweiligen Textstellen stellt sicher, dass der teilweise eher intuitiv erfasste Hinweischarakter bewusst reflektiert und dann in der anschließenden Sicherungsphase auch argumentativ ausgewiesen werden kann. Der Hinweis, dass die Begründung in vollständigen Sätzen geschehen muss, ist der Erfahrung geschuldet, dass Schülerinnen und Schüler immer weniger Anlass haben, Überlegungen in zusammenhängenden Texten zu formulieren, und das nach und verlernen, wenn es im Unterricht nicht immer wieder eingefordert wird. Das Festhalten von Begründungen in Stichwörtern führt außerdem häufig zu einer deutlich zeitaufwändigeren Auswertung, weil der fehlende Zusammenhang der Stichwörter dann im Unterrichtsgespräch hergestellt werden muss und das nicht allen Schülerinnen und Schülern aus dem Stand gelingt.

Als Sozialform wird hier die Partnerarbeit vorgeschlagen, da der Arbeitsauftrag eine Herausforderung an das Selbstvertrauen darstellt, die für manche zu groß wäre, wenn sie sich ihr in Einzelarbeit stellen müssten. Denn die Information über Effis künftige Entwicklung und das Briefzitat werden die meisten dahingehend aufnehmen, dass ihr eigener erster Leseeindruck unvollständig oder, was noch wahrscheinlicher ist: falsch war und sie Wichtiges übersehen haben, und in einer solchen Situation ist es hilfreich, wenn man sich der Plausibilität seiner Überlegungen im Gespräch versichern kann. Eine Gruppenarbeit würde dagegen die Intensität des Gesprächs verringern, weil sie die Verständigung über die festgestellten Hinweise von mindestens drei Schülerinnen und Schülern erfordern würde und eine solche Verständigung zeitlich und hinsichtlich der Konzentration zulasten einer sorgfältigen Prüfung der jeweiligen Hinweise ginge.

1.6 Vorstellung und Diskussion der Ergebnisse

UG

ARBEITSBLATT 1a

➤ S. 11

Unterrichtsschritt. Die Ergebnisse der Partnerarbeit werden (in Gestalt der Lösungshinweise) entweder an der Tafel oder einem entsprechenden digitalen Medium festgehalten.

Zuletzt diskutiert die Lerngruppe die *vertiefende Frage*:

- Ist Fontane seinem Anspruch gerecht geworden, wonach »in der erste[n] Seite der Keim des ganzen stecken« müsse?

Erläuterungen. *Zur abschließenden Frage:* Die Überprüfung von Fontanes Anspruch, dass »in der erste[n] Seite der Keim des ganzen stecken« müsse, bedeutet zugleich die der ersten eigenen Leseeindrücke. Erstere wird darauf hinauslaufen, dass der Anspruch berechtigt ist, weil sich tatsächlich eine ganze Reihe von Hinweisen auf eine spätere katastrophale Entwicklung von Effis Leben findet. Damit erweisen sich – und das sollte die Lehrkraft unbedingt feststellen – die ersten Leseeindrücke *nicht als falsch*, sondern *nur als unvollständig*, doch da die gesamte Lerngruppe zu diesem Ergebnis gekommen sein dürfte, da sie mit dem Ergebnis ihrer Überprüfung also »richtig« lag, sollte die Überprüfung am Ende das Zutrauen in eine selbständige Auseinandersetzung mit einem fiktionalen Text stärken.

Hausaufgabe

ARBEITSBLATT 1d

➤ S. 15

Unterrichtsschritt. Die Lerngruppe liest den ganzen Roman und bearbeitet den Arbeitsauftrag auf dem 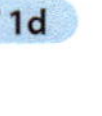 ARBEITSBLATT 1d ***Lektüre und Anfertigung einer Kapitelübersicht***.

Erläuterungen. Das vorausgefüllte Muster wird mit der Lerngruppe besprochen. Dabei wird auch die Bedeutung der einzelnen Zeilentitel und insbesondere die der Begriffe »Motiv« und »Funktion« erläutert. Vor dem Hintergrund der gründlichen Lektüre der ersten Seiten kann die Lerngruppe die Einträge in der Zeile »Motive« dann bereits nachvollziehen, während die in der Zeile »Funktion« gemeinsam entwickelt werden müssen.

Die Lerngruppe sollte den Roman anschließend unterrichtsbegleitend lesen, und zwar am besten täglich zwei Kapitel, so dass die Lektüre insgesamt achtzehn Tage erfordert. Wichtig ist, dass die Lektüre bis zur nächsten Scharnierstelle dieses Unterrichtsmodells, dem Beginn der vierten Unterrichtseinheit (s. S. 44), abgeschlossen sein muss, da dann erstmals der gesamte Roman zum Gegenstand gemacht wird.

ARBEITSBLATT 1a

Der Romananfang

Arbeitsaufträge:

1. Lesen Sie den Text Reclam XL, 5,1–7,35 und halten Sie anschließend in der nachstehenden Tabelle oben links (1. Zeile der 1. Spalte) Ihren Eindruck von der Stimmung fest, die er vermittelt.
2. Sammeln Sie darunter in der 2. Zeile der 1. Spalte unter Angabe von Seite(n) und Zeile(n) die Textstellen, an denen Sie Ihren Eindruck festmachen. Handelt es sich um einzelne Wörter, übernehmen Sie sie entsprechend. Längere Textstellen fassen Sie mit eigenen Worten zusammen. (Die Spalten 2 und 3 werden später gebraucht.)

2023 Reclam Verlag / Joachim Hagner

Rollenbiografie verfassen

Arbeitsaufträge:

Lesen Sie zusätzlich den Text Reclam XL 8,1–18,9 und verfassen Sie auf dieser Grundlage eine Rollenbiografie aus der Sicht von Effi, indem Sie die folgenden Schritte gehen:

1. Halten Sie die Kenntnisse, die Sie bei der Lektüre gewonnen haben, in den nachfolgenden Tabellen fest. Sie dürfen die Unbestimmtheitsstellen mit Ihren eigenen Gefühlsregungen, Assoziationen und Gedanken ausfüllen. Bleiben Sie dabei aber innerhalb der Grenzen, die der Text vorgibt.

Lebensdaten und Äußeres	
Wie alt bist du?	
Wo lebst du?	
Bis du dort glücklich?	
Wie siehst du aus?	
Wie wirkt deine Gestik?	
Wie wirkt dein Äußeres insgesamt?	

Umfeld und soziale Beziehungen	
In welchen gesellschaftlichen und wirtschaftlichen Verhältnissen bist du aufgewachsen?	
Welche Menschen sind dir besonders wichtig?	
Wie ist dein Verhältnis zu deiner Mutter?	

2023 Reclam Verlag / Joachim Hagner

Umfeld und soziale Beziehungen	
Wie würde deine Mutter dich beschreiben?	
Wie ist dein Verhältnis zu deinen Freundinnen?	
Wie würden deine Freundinnen dich beschreiben?	

Selbstbild	
Was mag ich?	
Was mag ich nicht?	
Was ist dir im Leben wichtig?	
Wie lautet dein Lebensmotto?	

2. Verarbeiten Sie Ihre Kenntnisse zu einem zusammenhängenden Text: Nehmen Sie darin die Perspektive Effis ein und stellen Sie sich in der Ich-Form in Ihrer eigenen Sprache vor.

Ihre Rollenbiografie wird dann anhand folgender Kriterien durch eine Jury beurteilt:

1. Wurden die Informationen über Effi vollständig berücksichtigt?
2. Wurden die Unbestimmtheitsstellen plausibel gefüllt?
3. Ergibt sich insgesamt ein stimmiges Bild von Effi?
4. Wurde die Perspektive konsequent durchgehalten?

2023 Reclam Verlag / Joachim Hagner

ARBEITSBLATT 1c

Ausblick auf das Romanende

Info:
Das glückliche junge Mädchen, dessen Perspektive Sie gerade eingenommen haben, ist zwölf Jahre später nach einer Affäre geschieden, wohnt, ihrem einzigen Kind entfremdet und von den Eltern verstoßen, in bescheidenen Verhältnissen und hat, gesellschaftlich geächtet, kaum jemanden außer ihrer alten Haushälterin als Gesellschaft, bis sie an den Folgen der Schwindsucht und seelischer Erschöpfung im Alter von neunundzwanzig Jahren stirbt: »Ruhe, Ruhe« (331,31) sind die letzten Worte, die man von ihr liest.

Arbeitsauftrag:
Nun hat Fontane in einem Brief den Anspruch formuliert, dass »[b]ei richtigem Aufbau […] in der erste[n] Seite der Keim des ganzen stecken« müsse, und diesen Anspruch sollen Sie jetzt überprüfen, indem Sie im anfangs schon einmal bearbeiteten Textausschnitt Reclam XL 5,2–7,35 nach Hinweisen für die katastrophale Entwicklung suchen, die Effis Leben später nimmt.

1. Tragen Sie in der Tabelle auf dem ARBEITSBLATT 1a oben in die Spalte 2 die Überschrift »Düstere Vorzeichen« ein und darunter die dafür von Ihnen gefundenen Hinweise (unter Angabe von Seiten- und Zeilenzahlen).
2. Begründen Sie dann rechts davon in Spalte 3 in vollständigen Sätzen, warum die jeweils von Ihnen gefundene Textstelle einen Hinweis auf die spätere katastrophale Entwicklung von Effis Leben darstellt.

2023 Reclam Verlag / Joachim Hagner

ARBEITSBLATT 1d

Lektüre und Anfertigung einer Kapitelübersicht

Arbeitsauftrag:

Lesen Sie den Roman und fertigen Sie dabei für jedes Kapitel (insgesamt 36) eine Übersicht nach dem folgenden Muster an:

Kapitel	**1**
Seite(n)	5,1–14,3
Personen	Effi, Luise von Briest, Bertha und Hertha Jahnke, Hulda Niemeyer, Wilke
Ort(e)	Hohen-Cremmen
Inhalt	Das Herrenhaus zu Hohen-Cremmen und seine Anlage werden beschrieben. Effi, ihre Mutter und ihre Freundinnen werden vorgestellt. Außerdem wird zum ersten Mal Geert von Innstetten erwähnt und von seinem gescheiterten Werben um Frau von Briest berichtet.
Thema/ Themen	Effis unbeschwerte Kindheit; Heirat
Motive	Tod; Schaukel; Risiko; Gefahr
Funktion	Aufbau von »Fallhöhe«; Andeutung der späteren katastrophalen Entwicklung

Die Zeilen »Motive« und »Funktion« können Sie jeweils im Nachgang zu der Besprechung im Unterricht ausfüllen, sofern Sie bei Ihrer selbständigen Lektüre nicht auf bereits bekannte Motive und Themen stoßen.

2023 Reclam Verlag / Joachim Hagner

2 »Und bist auch schon ganz glücklich?« (20,18) Die spätere katastrophale Entwicklung von Effis Leben verstehen

Sachanalyse

Die Feststellung von *Hinweisen* auf eine spätere katastrophale Entwicklung von Effis Leben bedeutet noch nicht die Erkenntnis möglicher *Ursachen* für diese Entwicklung. Eine genaue Betrachtung zeigt aber, dass diese Hinweise auch auf die Ursachen führen. So enthalten bestimmte Charaktereigenschaften Effis genauso das Potenzial für eine positive wie für eine katastrophale Entwicklung: Würde etwa Effis Zerstreuungsbedürfnis, ihre Unkonventionalität oder auch ihre erotische Sensibilität von einem verständnisvollen Partner in der richtigen Weise aufgenommen, könnten diese Charaktereigenschaften ausgesprochen erfreuliche Wirkungen haben. Werden Sie dagegen zugunsten eines Partners unterdrückt, der das wie Innstetten zwar nicht in böser und teilweise nicht einmal in bewusster Absicht tut, der aufgrund seiner gegensätzlichen Charaktereigenschaften aber gar nicht anders kann, dann können Zerstreuungsbedürfnis, Unkonventionalität und erotische Sensibilität sich auf eine verhängnisvolle Weise Bahn brechen.

Eine sorgfältige Partnerwahl hätte das zwar verhindern können, doch dafür fehlen in Effis Fall in zweierlei Hinsicht die Voraussetzungen: Erstens ist sie gerade erst im Begriff, die Schwelle vom Kind zur jungen Frau zu überschreiten, und hat entsprechend keinerlei Erfahrungen mit Männern, aus denen sie Vorstellungen von einem Partner nach ihren Vorstellungen hätte ableiten können. An die Stelle eigener Vorstellungen treten denn auch vor allem die ihres Vaters (8,34–9,1; 33,22–25), die ihr in ihrer Schwammigkeit jedoch ebenfalls keine Orientierung bieten. Zweitens aber hätten Effis eigene Vorstellungen auch gar keine Rolle gespielt, weil jungen Frau in dieser Zeit und zumal in der gesellschaftlichen Schicht, in der Effi sich bewegt, ihre künftigen Ehemänner in der Regel von den Eltern ausgesucht wurden. In Effis Fall erfährt diese Regel freilich noch eine Zuspitzung, weil ihre Mutter den Mann für sie auswählt, den sie selbst gerne geheiratet hätte, so dass Effi eine Art »Stellvertreter-Ehe« führen muss. Effi und die anderen Frauen, die in der Weltliteratur dieser Zeit ihre Schicksalsverwandten sind, werden zur Ehe mit ihren fast immer deutlich älteren Männern dabei »zwar nicht direkt gezwungen, wohl aber mit Argumenten überredet oder überwältigt, deren Tragfähigkeit sie noch nicht abschätzen können«[1] – ein Befund, den Luise von Briest eindrucksvoll bestätigt, wenn sie ihrer Tochter in gerade einmal drei Sätzen zu verstehen gibt, dass Innstetten der Richtige ist und sie seinen Antrag anzunehmen hat (17,19–25).

In Verbindung mit der Gehorsams-Erwartung, wie sie die Gesellschaft im wilhelminischen Kaiserreich in Orientierung an christlichen Rollenleitbildern an die Ehefrauen hatte (und die in der dritten Unterrichtseinheit erschlossen werden), muss eine solche arrangierte Ehe im Fall einer leidenschaftlichen jungen Frau wie Effi aber fast zwangsläufig in die Katastrophe führen. Insofern ist in der Mesalliance mit Innstetten die entscheidende Ursache für die spätere katastrophale Entwicklung von Effis Leben zu sehen.

1 Hugo Aust, »Effi und ihresgleichen«, in: Stefan Neuhaus (Hrsg.), *Effi Briest-Handbuch*, Stuttgart 2019, S. 13–22, hier S. 13.

Unterrichtsverlauf

Überblick. Diese Unterrichtseinheit soll die Lerngruppe zu der Einsicht führen, dass die Verbindung mit Innstetten eine wesentliche Ursache für die spätere katastrophale Entwicklung von Effis Leben darstellt. Dazu wird zunächst das Katastrophenpotenzial bestimmter Charaktereigenschaften Effis erschlossen. Im nächsten Schritt erkennt die Lerngruppe, dass Effi selbst noch keine konkreten Vorstellungen von einem Partner hat, der zu ihr passen würde, so dass sie ihm in dieser Hinsicht ausgeliefert ist. Anschließend werden die Charaktereigenschaften Innstettens und ihre fehlende Passung mit denjenigen Effis erarbeitet, und vor diesem Hintergrund erschließt sich die Lerngruppe zuletzt mögliche Auswirkungen dieser fehlenden Passung auf die Ehe der beiden und erkennt darin eine entscheidende Ursache für die spätere katastrophale Entwicklung von Effis Leben.

Phase	Thema	Sozialform	Kompetenzen und Lernziele	Materialien
Voraussetzungen: Textkenntnis bis Kapitel 3 (24,15)				
2.1	Erste Ermittlung von möglichen Ursachen für die spätere katastrophale Entwicklung von Effis Leben	EA	• Die Lerngruppe entwickelt ein Bewusstsein von der Differenz zwischen Dass und Warum und realisiert, dass die Frage nach dem Warum mit Blick auf die spätere katastrophale Entwicklung von Effis Leben noch unbeantwortet ist	ARBEITSBLATT 2a ➤ S. 24
2.2	Vorstellung und Diskussion der Ergebnisse	UG	• Die Lerngruppe erkennt mögliche Ursachen für die spätere katastrophale Entwicklung von Effis Leben in ihren Charaktereigenschaften	ARBEITSBLATT 2a ➤ S. 24
2.3	Beschreibung eines Mannes, der als Partner zu Effi passen würde	EA	• Die Lerngruppe erarbeitet sich eine Grundlage für die Beurteilung des Verhältnisses von Effi und Innstetten	ARBEITSBLATT 2a ➤ S. 24
2.4	Präsentation und Besprechung der Resultate	UG	• Die Lerngruppe hat eine Vorstellung von einem Mann, der als Partner zu Effi passen würde	
2.5	Effis Vorstellungen von einem künftigen Partner	PA	• Die Lerngruppe erkennt das Fehlen konkreter Vorstellungen Effis von einem künftigen Partner	ARBEITSBLATT 2a ➤ S. 24
2.6	Vorstellung und Diskussion der Ergebnisse	UG	• Die Lerngruppe versteht die Herkunft unserer Vorstellungen von einer Partnerin oder einem Partner und Effis Ausgeliefertsein wegen des Fehlens solcher Vorstellungen	ARBEITSBLATT 2a ➤ S. 24 TAFELBILD 2a ➤ S. 20
2.7	Charakterisierung Geert von Innstettens und Gegenüberstellung mit Effi	PA / EA	• Die Lerngruppe kann die fehlende Passung der Charaktere von Effi und Innstetten und deren Auswirkung auf Effi und ihre Ehe erläutern	ARBEITSBLATT 2b ➤ S. 25–28
2.8	Präsentation und Besprechung der Resultate	UG	• Die Lerngruppe sieht in der Ehe mit Innstetten die entscheidende Ursache für die spätere katastrophale Entwicklung von Effis Leben und kann eine Hypothese bezüglich des zentralen Anliegens des Romans formulieren	ARBEITSBLATT 2b ➤ S. 25–28 TAFELBILD 2b ➤ S. 22

2.1 Erste Ermittlung von möglichen Ursachen für die spätere katastrophale Entwicklung von Effis Leben

Unterrichtsschritt. Die Lerngruppe bearbeitet in Einzelarbeit die Arbeitsaufträge 1 und 2 auf dem ARBEITSBLATT 2a *Warum nimmt Effis Leben später eine katastrophale Wendung?*. EA

ARBEITSBLATT 2a
➤ S. 24
Lösungshinweise
➤ S. 113–115

Erläuterungen zum ARBEITSBLATT 2a. Die zentrale Funktion dieses Unterrichtsschritts besteht zum einen darin, der Lerngruppe den Unterschied zwischen der Feststellung, *dass* etwas so ist, und der Klärung der Frage, *warum* es so ist, bewusst zu machen, um zu verhindern, dass sie das Dass und das Warum gleichsetzen und deshalb bei ersterem stehen bleiben. Zum anderen wird mit der Frage nach den möglichen Ursachen ein Untersuchungsaspekt gewonnen, der für die gesamte weitere Auseinandersetzung mit dem Roman leitend ist.

Als Einstieg in die Ermittlung möglicher Ursachen für die traurige Wendung in Effis Leben wird hier bewusst nicht der freie Austausch im Unterrichtsgespräch gewählt, weil ein solcher Austausch schnell oberflächlich und spekulativ werden kann und es dann umso schwieriger ist, die Lerngruppe wieder zu der Auseinandersetzung mit dem Text zurückzuführen. Das gilt umso mehr, wenn einem solchen Austausch, wie das zu diesem Zeitpunkt der Unterrichtsreihe noch der Fall ist, eine hinreichende inhaltliche Grundlage fehlt. Die Schülerinnen und Schüler sollen die Ermittlung der möglichen Ursachen also im Ausgang von ihren selbst gewonnenen Ergebnissen aus der vorangegangenen Einheit anstellen, unter denen die ersten vier in den Lösungshinweisen (S. 113–115) genannten bereits einschlägig sind. Angesichts der im Arbeitsauftrag 1 angelegten anspruchsvollen Aufgabe, Hinweise, die lediglich die traurige Wendung in Effis Leben anklingen lassen, von solchen zu unterscheiden, in denen auch schon eine mögliche Ursache für diese Wendung greifbar wird, sollte der erste Hinweis von Lehrkraft und Lerngruppe unbedingt gemeinsam ausgewählt und die darin angelegte Ursache bestimmt werden.

2.2 Vorstellung und Diskussion der Ergebnisse

UG

ARBEITSBLATT 2a

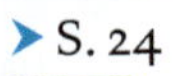

➤ S. 24

Unterrichtsschritt. Die Ergebnisse der Partnerarbeit werden vorgestellt, diskutiert und in Gestalt der Vorlagen gesichert, die, den Lösungshinweisen zu ARBEITSBLATT 2a folgend, sukzessive an der Tafel entwickelt werden.

Erläuterungen. Die Lerngruppe wird vermutlich nicht alle der in den Lösungshinweisen aufgeführten Hinweise samt Ursachen nennen. Insbesondere die Hinweise 6, 9, 10, 11, 12, 13 und 14 und die darin angelegten Ursachen könnten übersehen werden, so dass die Lehrkraft im Unterrichtsgespräch noch einmal die Aufmerksamkeit darauf lenken und die Ursachen dann gemeinsam mit dem Plenum entwickeln muss. Denn für das Verständnis der Ursachen für die katastrophale Entwicklung in Effis Leben sind diese Hinweise und Ursachen unverzichtbar.

Bei der Sicherung der Ergebnisse sollten unabhängig von den Formulierungen, auf die es am Ende hinausläuft, die Begriffe, die in der Tabelle nach dem Pfeil stehen, in jedem Fall an die Tafel übernommen werden.

2.3 Beschreibung eines Mannes, der als Partner zu Effi passen würde

EA

Unterrichtsschritt. Die Lerngruppe bearbeitet den Arbeitsauftrag 3 auf dem ARBEITSBLATT 2a.

ARBEITSBLATT 2a

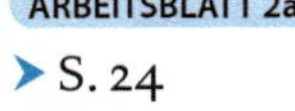

➤ S. 24

Erläuterungen. Zu ARBEITSBLATT 2a, Arbeitsauftrag 3: Die Lerngruppe soll sich eine Vorstellung von einem Mann machen, der als Partner zu Effi passen könnte – damit sie später erstens feststellen kann, dass Effi selbst diesbezüglich keine genauere Vorstellung hat, und zweitens, wie wenig Geert von Innstetten der Vorstellung des Mannes entspricht, der zu Effi passen würde. Auf diese Weise schafft sich die Lerngruppe nicht nur die Grundlage für die Erkenntnis, dass es sich bei der – von Frau von Briest arrangierten – Ehe um eine Mesalliance handelt, sondern sie erarbeitet sich mit dieser Erkenntnis auch eine weitere, und zwar wesentliche Ursache für die katastrophale Entwicklung in Effis Leben.

Was die möglichen Ergebnisse angeht, ist seitens der Lehrkraft eine gewisse Offenheit erforderlich. Denn es ist zwar zu erwarten, dass die Lerngruppe alters- und entwicklungsbedingt die Passung, die zwischen Effi und ihrem potenziellen Partner bestehen soll, eher im Sinne von Übereinstimmung verstehen und entsprechend einen Mann beschreiben wird, der einen ähnlichen Charakter, ähnliche Bedürfnisse, Vorlieben und Abneigungen hat. Es ist aber auch möglich, dass die Passung im Sinne einer Ergänzung, Vervollständigung oder sich wechselseitig anziehender Gegensätze aufgefasst wird und so zur Beschreibung eines Mannes führt, der Effi hinsichtlich seines Charakters, seiner Bedürfnisse, Vorlieben und Abneigungen zwar nicht ähnlich ist, sie aber versteht und schätzt. In beiden Fällen bliebe die Funktion dieses Arbeitsauftrags jedoch bewahrt, weil so oder so deutlich würde, dass Geert von Innstetten nicht zu Effi passt und ihre Ehe mit ihm insofern eine entscheidende Ursache für die katastrophale Entwicklung in ihrem Leben ist.

Was die Lerngruppe unter den verschiedenen passenden Charaktereigenschaften, Bedürfnissen, Vorlieben und Abneigungen in jedem Fall erwähnen und was sonst die Lehrkraft ansprechen sollte, ist Effis Vorliebe, wenn nicht sogar Bedürfnis, Zeit mit ihren Freundinnen im Gespräch oder im kindlich-übermütigen Spiel zu verbringen. Ein Mann, der zu Effi passt, müsste also ebenfalls den Umgang mit Freunden schätzen oder doch zumindest Verständnis dafür haben, dass Effi ihre Freundinnen so wichtig sind. Denn dass beides, wie sich dann zeigen wird, für Geert von Innstetten nicht gilt, ist ein gewichtiger Grund dafür, dass Effi sich in der Ehe mit ihm nicht wohlfühlt.

2.4 Präsentation und Besprechung der Resultate

Unterrichtsschritt. Die Resultate der Einzelarbeit werden präsentiert und besprochen. Dabei fordert die Lehrkraft die Lerngruppe auf, sich während des Vortrags der Beschreibungen begründende Notizen zu der *weiterführenden Frage* zu machen: UG

- Passt der beschriebene Mann zu Effi?

Und sie weist darauf hin, dass nach jedem Vortrag die Beschreibungen auf dieser Grundlage diskutiert werden. Das sichert dem Vortrag der Beschreibungen die nötige Aufmerksamkeit und der Diskussion eine Begründungsgrundlage.

Erläuterungen. Die Beschreibungen eines zu Effi passenden Mannes werden sich im Wesentlichen dadurch unterscheiden, dass sie die Passung entweder im Sinne von Übereinstimmung oder als Ergänzung, Vervollständigung oder wechselseitige Anziehung von Gegensätzen auffassen. Insofern ist es hier nicht erforderlich, viele Beschreibungen vortragen zu lassen. Stattdessen sollte die Lehrkraft nach zwei oder höchstens drei Vorträgen, die einer der beiden Auffassungen zugeordnet werden können, fragen: »Hat jemand von Ihnen eine Beschreibung verfasst, die von den gerade gehörten deutlich abweicht?« Dabei kann es natürlich passieren, dass Schülerinnen oder Schüler fälschlicherweise der Meinung sind, auf ihre Beschreibung träfe das zu, so dass nur eine weitere ähnliche Beschreibung vorgetragen wird. Doch unter motivationalen Gesichtspunkten lohnt es sich, dieses Risiko einzugehen.

2.5 Effis Vorstellungen von einem künftigen Partner

Unterrichtsschritt. Die Lerngruppe bearbeitet den Arbeitsauftrag 4 auf ARBEITSBLATT 2a. PA

Erläuterungen. Ziel dieses Arbeitsauftrags ist es, die Lerngruppe zu der Erkenntnis zu führen, dass Effi selbst so gut wie keine konkreten Vorstellungen von einem künftigen Partner hat und sich deshalb an den Vorstellungen anderer orientiert. Der Lerngruppe wird das anschaulich, wenn sie sich bemüht, konkrete Vorstellungsinhalte hinter einem Begriff wie »männlich« festzustellen und am Ende doch dahin kommen muss, dass sich mit einem solchen Begriff keine konkreten Vorstellungen verbinden lassen. ARBEITSBLATT 2a ➤ S. 24

Weil die angestrebte Erkenntnis aber eine überwiegend negative ist, sollte die erste Textstelle gemeinsam mit der Lerngruppe auf die dahinterstehende Vorstellung und deren möglichen Ursprung untersucht werden. Außerdem empfiehlt es sich in einem solchen Zusammenhang, die Schülerinnen und Schüler nicht mit dem Arbeitsauftrag alleinzulassen, sondern ihn in Partnerarbeit bearbeiten zu lassen, zumal der Austausch über die Vorstellungen, die hinter Begriffen wie »gute Figur« oder »männlich« stehen könnten, zu angeregten Diskussionen führen dürfte, durch die die Schülerinnen und Schüler sich ihrer eigenen Vorstellungen bewusstwerden und den Text als Gesprächsanlass erfahren können. Für die Bearbeitung dieses Arbeitsauftrags sollte deshalb auch ausreichend Zeit veranschlagt werden.

Dass die Äußerung »gute Figur und sehr männlich« (8,31 f.) dabei als Äußerung Effis zu ihrer Vorstellung von einem Partner überhaupt und nicht nur als bloße Beschreibungen Innstettens genommen wird, liegt an deren wertendem Charakter. Denn hinter Wertprädikaten wie »gute« und »männlich«, mit denen Effi die Figur Innstettens bzw. sein Auftreten bezeichnet, stehen – wenn auch noch völlig diffuse – Vorstellungen, die Effi nicht erst bei der Begegnung mit Innstetten entwickelt, sondern die offenbar bereits vorhanden sind.

Gerade diese erste Äußerung steht jedoch in einem aufschlussreichen Spannungsverhältnis zu der Phrase von Effis Vater, wonach »Weiber weiblich, Männer männlich« (8,34 f.) sein sollten. Denn obwohl sich Effis Zitat dieser Phrase wie eine Bestätigung ihrer unmittelbar zuvor vorgenommenen Bewertung von Innstettens Erscheinung als »sehr männlich« (8,32) liest, erweist sich diese Bewertung durch die Verbindung mit der vorangestellten Beurteilung von Innstettens Figur als altersgemäßer Ausdruck einer oberflächlichen Partnervorstellung eines jungen Mädchens, während hinter der Phrase ihres Vaters eine ganze konservative Sozialrollenphilosophie stehen könnte. Ihrer eigenen, noch unausgegorenen Vorstellung unsicher, beruft Effi sich also auf eine ihres Vaters, die dazu in Wahrheit gar nicht passt, und insofern zeigt sich hier, wie wenig Orientierung Vorstellungen bieten, die einem nicht selbst zugewachsen sind.

Die verallgemeinernde Zusammenfassung der Erkenntnisse über Effis Vorstellungen soll dann die Grundlage für die anschließende Auseinandersetzung mit der Frage schaffen, was aus Sicht der Lerngruppe passiert, wenn jemand mit so wenig konkreten Vorstellungen von einem Partner plötzlich eine Verbindung eingeht.

2.6 Vorstellung und Diskussion der Ergebnisse

UG

ARBEITSBLATT 2a ➤ S. 24

TAFELBILD 2a ➤ S. 20

Unterrichtsschritt. Die Resultate der Partnerarbeit werden präsentiert, besprochen und in Gestalt der Tabelle auf TAFELBILD 2a oder in einem entsprechenden digitalen Medium gesichert.

Im Anschluss an die Diskussion tauscht sich die Lerngruppe zu zwei *vertiefenden Fragen* aus:

1. Wie bilden wir eigentlich unsere Vorstellungen von einem Partner oder einer Partnerin aus, wenn wir sie nicht von anderen übernehmen?
2. Was wird passieren, wenn jemand mit so unklaren Vorstellungen von einem künftigen Partner wie Effi plötzlich heiratet?

TAFELBILD 2a

Äußerung	Vorstellung	Ursprung
»gute Figur und sehr männlich« (8,31 f.)	Ein Partner muss körperlich anziehend und »männlich« sein. Was aber die körperliche Anziehung genau ausmacht und was »männlich« ist, bleibt völlig unklar. ➤ keine konkrete Vorstellung Effis	Effis erotische Energie
»Weiber weiblich, Männer männlich« (8,34 f.)	Männer müssen männlich sein. ➤ keine konkrete Vorstellung Effis	Vorstellungen des Vaters
»Jeder ist der Richtige. Natürlich muss er von Adel sein und eine Stellung haben und gut aussehen.« (20,13 f.)	Wie genau ein Mann ist, spielt keine Rolle, solange er adlig ist, ein gesichertes Einkommen hat und gut aussieht. ➤ keine konkrete Vorstellung Effis	Vermutlich Vorstellungen der Eltern (»muss er von Adel sein und eine Stellung haben«) und Effis

Zusammenfassung
Effi hat keine konkreten Vorstellungen von einem Partner, wie sie ihn sich wünscht, weil sie keinerlei Erfahrung und auch noch kein klares Bewusstsein ihrer Bedürfnisse und Wünsche hat. Sie übernimmt daher Vorstellungen ihrer Eltern, die aber für sie ebenfalls schwammig-allgemein bleiben und ihr deshalb keine Orientierung bieten.

Erläuterungen. Entscheidend in dieser Phase ist die Feststellung, dass Effi keine konkreten Vorstellungen von ihrem künftigen Partner hat. Da das aber in der Diskussion über die Bedeutung von Begriffen wie »gute Figur« oder »männlich« anschaulich wird und die sich zwangsläufig schon an nur einer Ergebnispräsentation entzünden wird, genügen wenige Präsentationen.

Zur Diskussion der Anschlussfrage 1: Die Lerngruppe sollte zu der Erkenntnis geführt werden, dass es zum einen die je eigene Erfahrung und zum anderen das in Wechselwirkung damit sich ausbildende Bewusstsein unserer Bedürfnisse und Wünsche ist, das die Grundlage unserer Vorstellungen ausmacht: Zunächst stellen wir uns unsere Partnerin oder unseren Partner im Fall guter Erfahrungen so – oder auch gerade nicht so – vor wie die Frau oder den Mann, mit der oder dem wir unsere ersten – guten oder schlechten – Erfahrungen machen. Parallel dazu entwickeln wir nach und nach ein immer klareres Bewusstsein von unseren Bedürfnissen und Wünschen, das wir mit diesen und weiteren Erfahrungen abgleichen, und aus dieser Wechselwirkung entstehen schließlich unsere Vorstellungen von einer künftigen Partnerin oder einem Partner. In der Übertragung dieser Erkenntnis auf Effi soll deutlich werden, dass sie bis zu dem Zeitpunkt ihrer Hochzeit weder einschlägige Erfahrungen mit

Männern machen noch ein klares Bewusstsein ihrer diesbezüglichen Bedürfnisse und Wünsche ausbilden konnte. Das Ergebnis kann als Zusammenfassung (TAFELBILD 2a) festgehalten werden.

Zur Diskussion der Anschlussfrage 2: Hierbei kommt es vor allem auf zwei Einsichten an: Erstens wird Effi ihrem Mann – wenigstens anfänglich – ziemlich ausgeliefert sein. Denn die inhaltliche Füllung der noch weitgehend unklaren Vorstellungen, die mit einem Begriff wie »männlich« assoziiert sein können, geschieht durch den Mann, mit dem Effi zuerst Erfahrungen machen kann: Was »männlich« bedeutet und wer damit der richtige Partner ist, wird durch diesen Mann definiert – bis andere Erfahrungen diese Definition problematisieren. Zweitens ist zu erwarten, dass Effi die Ansprüche, die ihr Mann an sie hat, für berechtigt halten und versuchen wird, ihnen zu genügen. Denn diese Ansprüche wird sie als untrennbar mit der Männlichkeit verbunden auffassen, die ihr erster Partner definiert.

2.7 Charakterisierung Geert von Innstettens und Gegenüberstellung mit Effi

Unterrichtsschritt. Die Lerngruppe bearbeitet in Partnerarbeit die Arbeitsaufträge 1 und 2 und in Einzelarbeit den Arbeitsauftrag 3 auf dem ARBEITSBLATT 2b ***Innstettens Charakter***.

PA / EA

ARBEITSBLATT 2b

➤ S. 25–28

Erläuterungen. Die Bearbeitung dieser Arbeitsaufträge soll die Lerngruppe zu der Einsicht führen, dass Effi mit Innstetten jemanden heiratet, der nicht nur nicht zu ihr passt, sondern in ganz entscheidenden Hinsichten gegensätzliche Charakterzüge aufweist. In ihrer Ehe muss sich folglich einer der beiden auf den anderen zubewegen und dabei seine Bedürfnisse und Wünsche zurückstellen oder sogar unterdrücken, und angesichts des im vorangegangenen Unterrichtsschritt erarbeiteten Fehlens konkreter eigener Vorstellungen von ihrem Partner ist zu erwarten, dass Effi diejenige sein wird, die das tut. Die zeitgenössischen Rollenbilder, die sich die Lerngruppe im folgenden Unterrichtsschritt erschließt, werden dann deutlich machen, dass genau das von ihr erwartet wird. Weil das im Fall von jemand wie Effi aber nicht gutgehen kann, stellt die Ehe mit Innstetten zuletzt einen weiteren, und zwar entscheidenden Grund für die katastrophale Entwicklung dar, die Effi nimmt.

Angesichts der Schwierigkeiten, die Schülerinnen und Schüler häufig bei der Zusammenfassung von Äußerungen haben, wie sie der Arbeitsauftrag 1 fordert, empfiehlt es sich, das bei der ersten Äußerung gemeinsam zu tun, bevor die weiteren Äußerungen dann in Partnerarbeit zusammengefasst werden. Der Arbeitsauftrag 2 sollte ebenfalls in Partnerarbeit bearbeitet werden, während die Schülerinnen und Schüler sich mit dem Arbeitsauftrag 3 in Einzelarbeit auseinandersetzen können.

Zu Arbeitsauftrag 3: Dass Effi sich in der Ehe mit Innstetten nicht wohlfühlen wird, liegt angesichts der vielen gegensätzlichen Charaktereigenschaften auf der Hand. Die beiden Eigenschaften, die sowohl Effi als auch Innstetten aufweisen, werden daran kaum etwas ändern können, weil eine Selbstbezogenheit auf beiden Seiten eher zu Konflikten als zu Harmonie führt, und eine karrieristische Einstellung zu Rücksichten – etwa auf die Wünsche der Vorgesetzten oder die öffentliche Meinung – zwingt, die dann mit anderen Charaktereigenschaften Effis wie z. B. ihrer Impulsivität oder ihrer geistigen Unabhängigkeit nur schwer vereinbar sind. Effis Anpassungsbereitschaft gegenüber Menschen, für die sie – wie etwa für ihre Mutter – starke Zuneigung empfindet, und Innstettens erzieherische Anlagen könnten sich ergänzen, wenn die Bedingung für Effis Anpassungsbereitschaft nicht eben eine starke Zuneigung wäre, der aber die Gegensätzlichkeit der allermeisten anderen Charaktereigenschaften im Weg steht. Effi wird sich in der Ehe mit Innstetten also eher unwohl fühlen.

Dass dennoch zu erwarten ist, dass Effi ihre Bedürfnisse und Wünsche zunächst unterdrücken und versuchen wird, den Vorstellungen ihres Mannes zu entsprechen, hängt damit zusammen, dass sie keinerlei Erfahrungen mit Männern und entsprechend keine konkreten Vorstellungen von ihrem Partner hat. Sie wird also die Charaktereigenschaften Innstettens zunächst für das halten, was Männer ausmacht, und von sich verlangen, diese Charaktereigenschaften zu schätzen, zumal sie ja grundsätzlich durchaus bereit ist, sich anzupassen.

Auf Dauer wird ein so leidenschaftlicher und mutiger, aber auch auf Zerstreuung und erotische Zuwendung angewiesener Mensch wie Effi die in ihrem Charakter angelegten Bedürfnisse und Wünsche jedoch nicht unterdrücken können, so dass Konflikte oder das Scheitern der Ehe zu erwarten sind.

TAFELBILD 2b

Das Verhältnis zwischen Effi und Innstetten

	Effi	Verhältnis	Innstetten
1	impulsiv	→ ←	prinzipiell
2	phantasiebegabt	→ ←	phantasielos, langweilig
3	karrieristisch	=	karrieristisch
4	risikofreudig	→ ←	pedantisch
5	anspruchsvoll	→ ←	genügsam
6	offen	→ ←	verschlossen
7	zerstreuungsliebend	→ ←	Gewohnheitsmensch
8	träumerisch	→ ←	nüchtern
9	leidenschaftlich	→ ←	gefühlskalt
10	anpassungsbereit	→ ←	herrisch
11	geistig unabhängig	→ ←	obrigkeitshörig, besorgt um die Meinung anderer
12	leidenschaftlich	→ ←	lieblos
13	mutig, übermütig	→ ←	nervös, empfindlich
14	erotisch sensibel	→ ←	erotisch anspruchslos
15	anpassungsbereit	← →	Erzieher
16	selbstbezogen	=	selbstbezogen

Frage	Antwort	Begründung
Wie wird Effi sich in der Ehe mit Innstetten fühlen?	Sie wird sich unwohl fühlen.	Vierzehn gegensätzlichen Charaktereigenschaften stehen lediglich zwei zueinander passende gegenüber, die aber eher für Spannungen sorgen werden. Effis Anpassungsbereitschaft könnte durch Innstettens Neigung zum Erzieher ergänzt werden, wenn sie eine starke Zuneigung zu ihm empfände, doch das verhindern die vielen charakterlichen Gegensätze.
Wie wird sie damit umgehen?	Sie wird Innstettens Charaktereigenschaften zunächst akzeptieren und versuchen, sich ihnen anzupassen.	Da Effi keinerlei sonstige Erfahrungen mit Männern hat, wird sie Innstettens Charaktereigenschaften als typisch »männlich« ansehen, und ihre grundsätzlich vorhandene Anpassungsbereitschaft wird sie zunächst dazu bringen, sich darauf einzustellen.
Welche Erfolgsaussichten hat die Ehe?	Sie ist zum Scheitern verurteilt.	Effis Leidenschaftlichkeit, ihr Mut, ihr Bedürfnis nach Zerstreuung und erotischer Zuwendung werden eine Unterdrückung ihrer charakterlich begründeten Bedürfnisse und Wünsche zugunsten ihres Mannes nicht dauerhaft zulassen.

2.8 Präsentation und Besprechung der Resultate

Unterrichtsschritt. Die Ergebnisse der Bearbeitung von ARBEITSBLATT 2b werden vorgestellt, diskutiert und in Gestalt der Vorlagen an der Tafel (TAFELBILD 2b) oder einem entsprechenden digitalen Medium gesichert.

Anschließend wird der Bezug zu der leitenden Frage dieser zweiten Unterrichtseinheit, der Frage nach möglichen Ursachen für die spätere katastrophale Entwicklung Effis durch zwei *vertiefende Fragen* abgerundet:

1. Was stellt sich Ihnen zum jetzigen Zeitpunkt als die entscheidende Ursache für die spätere katastrophale Entwicklung von Effis Leben dar?
2. Was könnte das zentrale Anliegen des Romans sein?

UG

ARBEITSBLATT 2b
➤ S. 25–28
TAFELBILD 2b
➤ S. 22

Erläuterungen. Die Sicherung erfolgt im Unterrichtsgespräch in der unter Arbeitsauftrag 2 vorgegebenen Reihenfolge: Zunächst werden die Zusammenfassungen der Äußerungen über Innstetten in deren Reihenfolge in die rechte Spalte der Tabelle eingetragen und diskutiert. Dann werden sie um die entsprechenden Charaktereigenschaften Effis in der linken Spalte ergänzt, über die ebenfalls ein Austausch erfolgt. Und zuletzt werden die Bestimmungen des Verhältnisses von Effis und Innstettens Charaktereigenschaften besprochen und in die mittlere Spalte eingetragen. Die in dem Zusammenhang ausgetauschten Begründungen bereiten dann die Auswertung der Bearbeitung des dritten Arbeitsauftrags vor. Der kommt eine besondere Bedeutung zu, weil die Vermutungen über Effis Befinden in der Ehe mit Innstetten, ihren Umgang damit und die Erfolgsaussichten der Ehe samt Begründungen die Grundlage für die Einsicht schaffen, dass und warum diese Ehe eine wesentliche Ursache für die katastrophale Entwicklung ist, die es mit Effi nimmt.

Zu den abschließenden Fragen: 1. Die Frage nach dem zentralen Anliegen des Romans zu einem relativ frühen Zeitpunkt zu stellen, ist angesichts des mit Blick auf Effi Briest gerechtfertigten Anspruchs Fontanes legitim, wonach »in der erste[n] Seite der Keim des ganzen stecken« müsse. Die Ergebnisse der bisherigen Auseinandersetzung mit dem Roman zeigen, dass es die Heirat Effis mit einem Mann ist, der nicht zu ihr passt und dem zuliebe sie wesentliche Bedürfnisse unterdrücken muss.

2. Bezüglich des zentralen Anliegens legen die bisherigen Ergebnisse folgende Hypothese nahe: »Das zentrale Anliegen von *Effi Briest* ist in dem Nachvollzug des Scheiterns von Effis Ehe mit Innstetten sowie der Gründe und der Folgen dieses Scheiterns zu sehen.« Die Lehrkraft weist aber darauf hin, dass diese Hypothese sich in der weiteren Beschäftigung mit dem Roman bewähren muss und dass sie am Ende der Unterrichtsreihe noch einmal überprüft wird.

ARBEITSBLATT 2a

Warum nimmt Effis Leben eine katastrophale Wendung?

Arbeitsaufträge:

Sie haben anhand der von Ihnen gefundenen Hinweise bereits festgestellt, *dass* Effis Leben eine katastrophale Wendung nehmen wird. Völlig offen ist dagegen, *warum* das so ist, und deshalb wird der nächste Schritt darin bestehen, mögliche Ursachen für diese Wendung zu ermitteln.

1. Vergegenwärtigen Sie sich dazu zunächst anhand des Arbeitsauftrags auf dem ARBEITSBLATT 1c noch einmal, worauf die traurige Wendung von Effis Leben im Einzelnen hinausläuft.
   Gehen Sie dann in Partnerarbeit die Hinweise auf diese Wendung auf dem ARBEITSBLATT 1a durch und überlegen Sie, in welchen auch schon eine mögliche Ursache angelegt sein könnte. Zitieren Sie die Hinweise unter Angabe von Seite(n) und Zeile(n); besteht ein Hinweis aus mehr als einem Satz, zitieren Sie die ersten und die letzten drei Wörter und setzen dazwischen drei Punkte in runden Klammern.
   Legen Sie anschließend in vollständigen Sätzen dar, worin diese Ursache besteht.

Nr.	Hinweis	Ursache
	Textstelle (Seite, Zeile)	

2. Ermitteln Sie im Textausschnitt Reclam XL 8,1–24,15 (Kapitel 1–3) weitere Hinweise, in denen mögliche Ursachen eingeschlossen sein könnten, und erläutern Sie auch hier in vollständigen Sätzen, worin Sie die Ursache sehen.
3. Machen Sie sich noch einmal bewusst, was Sie inzwischen über Effis Charakter, ihre Bedürfnisse, ihre Vorlieben und Abneigungen wissen. Beschreiben Sie anschließend in einem zusammenhängenden, begründenden Text den Mann, der als Partner zu jemandem wie Effi passen würde. Gehen Sie dabei auf seine verschiedenen charakterlichen Eigenschaften, seine Bedürfnisse, Vorlieben und Abneigungen, sein Äußeres, sein Alter und seinen Beruf ein.
4. Nachstehend finden Sie drei Äußerungen Effis, aus denen hervorgeht, wie sie selbst sich ihren Partner vorstellt. Tauschen Sie sich darüber aus, welche Vorstellungen in der Äußerung jeweils deutlich werden, und halten sie das Ergebnis in der zweiten Spalte fest. In die dritten Spalte tragen Sie dann ein, was der Ursprung der jeweiligen Vorstellung sein könnte.

Äußerung	Vorstellung	Ursprung
»gute Figur und sehr männlich« (8,31 f.)		
»Weiber weiblich, Männer männlich« (8,34 f.)		
»Jeder ist der Richtige. Natürlich muss er von Adel sein und eine Stellung haben und gut aussehen.« (20,13 f.)		

2023 Reclam Verlag / Joachim Hagner

Innstettens Charakter

Arbeitsaufträge:

1. Nachstehend finden Sie eine Reihe von Äußerungen des Erzählers und verschiedener Figuren des Romans zu Geert von Innstetten. Wenn nicht der Erzähler spricht, ist in eckigen Klammern vor dem Zitat angegeben, welche Figur sich jeweils äußert.
Machen Sie sich anhand der Zitate ein Bild von Innstettens Charakter, indem Sie das jeweilige Zitat in dem Kästchen darunter in einer Charaktereigenschaft zusammenfassen.

[Effi:] »Wir sprachen da von Innstetten, und mit einem Male zog der alte Niemeyer seine Stirn in Falten, aber in Respekts- und Bewunderungsfalten, und sagte: ›Ja, der Baron! Das ist ein Mann von Charakter, ein Mann von Prinzipien.‹« (36,28–32)

1.

[Frau von Briest:] »›Aber nun lies mir den Brief [von Innstetten] vor, wenn er nicht was ganz Besonderes enthält oder vielleicht Geheimnisse.‹ ›Geheimnisse‹, lachte Effi […]. ›Geheimnisse! Ja, er nimmt immer einen Anlauf, aber das meiste könnt ich auf dem Schulzenamt anschlagen lassen, da, wo immer die landrätlichen Verordnungen stehen. Nun, Geert ist ja auch Landrat.‹« (34,16–23)

2.

[Frau von Briest:] »Innstetten ist ein Karrieremacher – vom Streber will ich nicht sprechen, das ist er auch nicht, dazu ist er zu wirklich vornehm – also Karrieremacher« (42,18–20).

3.

»Mitte November […] lief Innstettens Urlaub ab, und es entsprach seinem Charakter und seinen Gewohnheiten, genau Zeit und Stunde zu halten.« (45,22–25)

4.

[Innstetten:] »Aber lassen wir das alles und setzen uns und nehmen unsern Tee. Wo soll es sein? Hier bei dir oder drin bei mir? Denn eine weitere Wahl gibt es nicht. Eng und klein ist meine Hütte.« (55,24–27)

5.

2023 Reclam Verlag / Joachim Hagner

»Und sie [Effi] lachte und schmiegte sich an ihn und wollte ihm die Hand küssen. ›Nein, Effi, um Himmels willen nicht, nicht so. Mir liegt nicht daran, die Respektsperson zu sein, das bin ich für die Kessiner. Für dich bin ich …‹ ›Nun was?‹ ›Ach lass. Ich werde mich hüten, es zu sagen.‹« (56,1–7)

6.

[Effi:] »Und der Herr [Innstetten], ist er immer so früh auf?‹ [Johanna:] ›Immer, gnäd'ge Frau. Darin ist er streng; er kann das lange Schlafen nicht leiden, und wenn er drüben in sein Zimmer tritt, da muss der Ofen warm sein, und der Kaffee darf auch nicht auf sich warten lassen.‹« (57,18–23)

7.

»All dies hatte sich Effi mit vielem Interesse angesehen, aber dies Interesse sah sich doch weit überholt, als sie, nach ihrer Rückkehr vom Hof ins Vorderhaus, unter Innstettens Führung die nach oben führende Treppe hinaufgestiegen war. Diese war schief, baufällig, dunkel; der Flur dagegen, auf den sie mündete, wirkte beinah heiter, weil er viel Licht und einen guten landschaftlichen Ausblick hatte: nach der einen Seite hin, über die Dächer des Stadtrandes und die ›Plantage‹ fort, auf eine hoch auf einer Düne stehende holländische Windmühle, nach der anderen Seite hin auf die Kessine, die hier, unmittelbar vor ihrer Einmündung, ziemlich breit war und einen stattlichen Eindruck machte. Diesem Eindruck konnte man sich unmöglich entziehen, und Effi hatte denn auch nicht gesäumt, ihrer Freude lebhaften Ausdruck zu geben. ›Ja, sehr schön, sehr malerisch‹, hatte Innstetten, ohne weiter darauf einzugehen geantwortet, und dann eine mit ihren Flügeln etwas schief hängende Doppeltür geöffnet, die nach rechts hin in den sogenannten Saal führte.« (65,23–66,6)

8.

»›Ja‹, sagte Innstetten, während er sein Auf- und Abschreiten im Zimmer unterbrach, ›diesen Tag müssten wir nun wohl eigentlich feiern und ich weiß nur noch nicht womit. […] Etwas muss doch geschehen, denn du musst wissen, das war nun heute die letzte Visite [der letzte Besuch bei den wichtigen Personen in der Stadt und dem Landadel].‹ ›Gott sei Dank, war sie's‹, sagte Effi. ›Aber das Gefühl, dass wir nun Ruhe haben, ist, denk ich, gerade Feier genug. Nur einen Kuss könntest du mir geben. Aber daran denkst du nicht. Auf dem ganzen weiten Wege nicht gerührt, frostig wie ein Schneemann. Und immer nur die Zigarre.‹« (73,34–74,10)

9.

2023 Reclam Verlag / Joachim Hagner

[Effi:] »Der Herr [Innstetten] darf nicht wissen, dass ich mich ängstige, das liebt er nicht. Er will immer, dass ich tapfer und entschlossen bin, so wie er.« (81,35–82,2)

10.

»Eine halbe Stunde später kam Effi. Sie sah reizend aus, ganz blass, und stützte sich auf Johanna. Als sie aber Innstettens ansichtig wurde, stürzte sie auf ihn zu und umarmte und küsste ihn. Und dabei liefen ihr die Tränen übers Gesicht. ›Ach, Geert, Gott sei Dank, dass du da bist. Nun ist alles wieder gut. Du darfst nicht wieder fort, du darfst mich nicht wieder allein lassen.‹ ›Meine liebe Effi […], ich lasse dich ja nicht allein aus Rücksichtslosigkeit oder Laune, sondern weil es so sein muss; ich habe keine Wahl, ich bin ein Mann im Dienst, ich kann zum Fürsten oder auch zur Fürstin nicht sagen: Durchlaucht, ich kann nicht kommen, meine Frau ist so allein, oder meine Frau fürchtet sich. Wenn ich das sagte, würden wir in einem ziemlich komischen Licht dastehen, ich gewiss, und du auch.« (86,4–19)

11.

»Innstetten war lieb und gut, aber ein Liebhaber war er nicht. Er hatte das Gefühl, Effi zu lieben, und das gute Gewissen, dass es so sei, ließ ihn von besonderen Anstrengungen absehen. Es war fast zur Regel geworden, dass er sich, wenn Friedrich die Lampe brachte, aus seiner Frau Zimmer in sein eigenes zurückzog.« (114,15–20)

12.

»War er damit [mit der Kommentierung der Ernennungen und Ordensverleihungen] durch, so bat er Effi, dass sie was spiele, aus ›Lohengrin‹ oder aus der ›Walküre‹, denn er war ein Wagner-Schwärmer. Was ihn zu diesem hinübergeführt hatte, war ungewiss; einige sagten seine Nerven, denn so nüchtern er schien, eigentlich war er nervös« (115,1–6).

13.

»Um zehn [Uhr abends] war Innstetten dann abgespannt und erging sich in ein paar wohlgemeinten, aber etwas müden Zärtlichkeiten, die sich Effi gefallen ließ, ohne sie recht zu erwidern.« (115,7–10)

14.

[Crampas:] »Also Innstetten […] hat außer seinem brennenden Verlangen, es koste, was es wolle, […] seine Karriere zu machen, noch eine zweite Passion: er operiert nämlich immer erzieherisch, ist der geborene Pädagog« (149,1–5).

15.

»Dazu kam noch, dass Innstetten ihr mitteilte, seine Fahrten nach Varzin würden in diesem Jahre fortfallen: […] er könne sich nun ganz seinem Hause widmen, und wenn es ihr recht wäre, so wollten sie die italienische Reise, an der Hand seiner Aufzeichnungen, noch einmal durchmachen. […] Er führte das noch weiter aus und fügte hinzu, dass ihn Gieshübler, der den ganzen ›italienischen Stiefel‹ bis Palermo kenne, gebeten habe, mit dabei sein zu dürfen. Effi, der ein ganz gewöhnlicher Plauderabend ohne den ›italienischen Stiefel‹ […] viel, viel lieber gewesen wäre, antwortete mit einer gewissen Gezwungenheit; Innstetten indessen, ganz erfüllt von seinem Plane, merkte nichts« (159,30–160,20).

16.

2. Legen Sie eine Tabelle nach dem unten vorgegebenen Muster an.

a) Tragen Sie in die rechte Spalte die Charaktereigenschaften Innstettens in der Reihenfolge der oben aufgeführten Äußerungen ein.

b) Stellen Sie dann auf einem eigenen Blatt schlagwortartig die Charaktereigenschaften Effis zusammen, die Sie sich in Ihren Selbstvorstellungen und durch die Ermittlung möglicher Ursachen für die spätere katastrophale Entwicklung Effis erschlossen haben.

c) Überlegen Sie, welche dieser Charaktereigenschaften zu der jeweiligen Innstettens passt, welche im Gegensatz dazu steht oder sie ergänzen könnte, und halten Sie sie in der linken Spalte fest.

d) Kennzeichnen Sie in der zweiten Spalte das jeweilige Verhältnis der Charaktereigenschaften mit einem »=«, wo sie zueinander passen, mit einem »→ ←«, wo sie gegensätzlich sind und mit einem »← →«, wo sie sich ergänzen könnten.

	Effi	Verhältnis	Innstetten
1	impulsiv	→ ←	prinzipiell
2	…		

3. Stellen Sie abschließend begründend Vermutungen darüber auf,

- wie Effi sich in der Ehe mit Innstetten fühlen wird,
- wie sie mit diesem Befinden umgehen wird und
- welche Erfolgsaussichten die Ehe vor diesem Hintergrund hat.

2023 Reclam Verlag / Joachim Hagner

3 »[U]nd wenn er in der Ehe so bleibt, so werdet ihr eine Musterehe führen« (33,14 f.) Den Einfluss der christlichen und gesellschaftlichen Rollenleitbilder erkennen

Sachanalyse

Nachdem die Frage nach möglichen Ursachen für die katastrophale Entwicklung von Effis Leben bislang ausschließlich textimmanent auf der Figurenebene betrachtet wurde, wird in der dritten Unterrichtseinheit die geistesgeschichtlich-historische Perspektive eingenommen: Fontane bestimmt die Rollen, die Effi und Innstetten in ihrer Ehe einnehmen, durch die Rollenleitbilder des wilhelminischen Kaiserreichs (1888–1918), deren Ursprung in entsprechenden christlichen Vorstellungen und Motiven er durch Anspielungen deutlich macht: Danach hatte der Mann eine gottgleiche Stellung inne und seine Frau züchtig und ihm gehorsam zu sein, wenn sie sich nicht versündigen und damit Strafe auf sich ziehen wollte. Um diesen christlichen Hintergrund sichtbar zu machen, hebt Fontane nicht nur die unmittelbare Nähe des Herrenhauses zu Hohen-Cremmen zu Kirchhof und Kirche hervor, sondern er gestaltet das gesamte räumliche Szenario der ersten beiden Kapitel und Frau von Briests Gespräch mit Effi über Innstettens Heiratsabsichten nach der biblischen Verkündigung: Der Garten, in dem Effi im ersten Kapitel spielt, wird ausdrücklich als »umschl[ossener]« (5,18 f.), als *hortus conclusus* also bezeichnet, der seit dem Hohenlied Salomos (Hoheslied 4,12) als Symbol für die Jungfräulichkeit und die unbefleckte Empfängnis gilt und in christlicher Auslegung als Gegentypus zum Paradies aufgefasst wird. In einem *hortus conclusus* verkündet der Engel Gabriel Maria, dass sie den Gottessohn zur Welt bringen und damit Grund der Erlösung des Menschen sein wird, und im Paradies war Marias Gegentypus Eva durch das verbotene Essen vom Baum der Erkenntnis Ursache der Vertreibung aus dem Paradies und damit des Todes geworden. Das Gespräch zwischen Effi und ihrer Mutter, in dem Effi von Innstettens Antrag erfährt, weist denn auch deutliche Übereinstimmungen mit der Verkündigung im Lukasevangelium (Lukas 1,28–33) auf. Durch die Gestaltung des Gartens von Hohen-Cremmen als *hortus conclusus* und die Verkündigungsanalogien bringt Fontane Effi somit in die Position der jungfräulichen Maria, mit der die sündige Eva als ihr Gegentypus ebenfalls im Spiel ist. Innstetten aber würde vor diesem Hintergrund die Rolle des Sohnes Gottes als dessen Stellvertreter auf Erden einnehmen, wobei seine wiederholte Bezeichnung als »Hoher Herr« (26,33 f.) oder schlicht »der Herr« (57,13) nahelegt, dass in diesem Zusammenhang zwischen dem Gottessohn und seinem Vater nicht unterschieden wird. In die Verkündigung der Geburt des Gottessohnes ist außerdem dessen Leiden um der Erlösung des Menschen willen eingeschlossen, das durch das Kreuz symbolisiert wird. Und nicht zuletzt gestattet die Bezugnahme auf den *hortus conclusus* die Auslegung von Effis Heirat als Vertreibung aus ihrem Kindheitsparadies: Denn wie Eva das Paradies verlassen musste, nachdem sie ihre bewusstseinsmäßige Unschuld durch das verbotene Essen vom Baum der Erkenntnis verloren hatte, muss auch Effi Hohen-Cremmen verlassen, weil sie durch die Heirat mit Innstetten ebenfalls im Begriff ist, ihre jungfräuliche Unschuld zu verlieren.

Dass Fontane den Garten von Hohen-Cremmen aber nicht zufällig, sondern ganz bewusst wie einen *hortus conclusus* beschrieben und dem Gespräch zwischen Effi und ihrer Mutter die Verkündigungsanalogien eingeschrieben hat, wird zunächst daran sichtbar, dass keines der beiden infrage kommenden Vorbilder für die Anlage von Hohen-Cremmen, das Schloss Nennhausen im Havelland oder das Schloss Zerben bei Magdeburg, eine Nähe zu Kirchhof und Kirche und einen eingeschlossenen Garten aufweisen. Ebenso wenig findet sich dort der »quadrierte[] Fliesengang« (5,7 f.), während traditionell bildliche Darstellungen der Verkündigung in der Regel beides enthalten, etwa Melchior Broederlams um 1394–99 entstandene *Verkündigung und Heimsuchung*, die Hubert van Eyck oder Petrus Christus zugeschriebene *Verkündigung* aus dem ersten Drittel des 15. Jahrhunderts, die Verkündigung des aus derselben Zeit stammenden *Mérode*-Altars des Meisters von Flémalle, die *Verkündigung* auf den Außenseiten der Flügel des Ehninger Altars, der um 1476 geschaffen wurde, die *Verkündigung* von 1465–75 oder die von 1480–89 des von Fontane hochgeschätzten (WSB IV.3: S. 413) Hans Memling. Außerdem zeigt der Roman Effi und ihre Mutter zuerst bei »der Herstellung eines aus Einzelquadraten zusammenzusetzenden Altarteppichs« (6,4 f.), und im Protoevangelium des Jakobus wird Maria ebenfalls mit der Herstellung einer liturgischen Textilie betraut[1] – einer Beschäftigung, bei der nach

1 Alfred Schindler (Hrsg.), *Apokryphen zum Alten und Neuen Testament*, Zürich 1988, S. 421.

einem zu Fontanes Zeit verbreiteten Handbuch zur christlichen Symbolik Maria vom Verkündigungs-Engel überrascht worden ist[2]. Auf die Vertreibung aus dem Paradies aber spielt Effi ganz ausdrücklich an, wenn sie auf Huldas Frage, wo sie sich versteckt habe, antwortet: »Hinter den Rhabarberstauden; die haben so große Blätter, noch größer als ein Feigenblatt …« (15,33 f.).

Indem Fontane also offenbar in voller Absicht auf die Verkündigung anspielt, ermöglicht er die Deutung des Verhältnisses von Effi und Innstetten in Analogie zu dem Marias und Gottes. Die darin angelegte Vorstellung von der keuschen Frau und der gottgleichen Stellung des Mannes deckt sich dabei mit den zeitgenössischen Rollenleitbildern der preußisch-wilhelminischen Gesellschaft, wie etwa die Einträge »Ehe«, »Familie«, »Frauenfrage«, »Patriarchat« und »Weib« in *Meyers Konversationslexikon* von 1885–92 oder Carl Ludwig von Hallers *Restauration der Staatswissenschaft* aus dem Jahr 1820 zeigen, der eine weitere Analogie, nämlich zwischen Staat und Familie, ins Spiel bringt: »In einer jeglichen […] Familie findet man bereits das vollkommene Ebenbild eines monarchistischen Staates. Der Hausvater oder Hausherr ist in seinem Hause unabhängig, von allen Bewohnern hat ihm niemand zu befehlen, selbst die ganze Gesamtheit desselben ist nicht über ihn gesetzt.«[3] Indem Fontane aber vorführt, wie eine liebenswerte Figur wie Effi an den in diesen Rollenleitbildern eingeschlossenen Forderungen zerbricht, weil sie eben nicht nur Maria, sondern auch Eva ist und deshalb ihr Kindheitsparadies verlassen muss, stellt er die Rollenbilder zugleich infrage.

2 Wolfgang Menzel, *Christliche Symbolik*, Bd. 2, Regensburg 1854, S. 515.

3 Carl Ludwig von Haller, *Restauration der Staats-Wissenschaft oder Theorie des natürlich-geselligen Zustands der Chimäre des künstlich-bürgerlichen entgegengesetzt*, Bd. 2, Winterthur 1820, S. 25. Oder noch etwas drastischer: »Der Mann herrscht über sein Weib, weil er es angeworben, in seinen Schutz angenommen hat, weil es gewöhnlicher Weise von ihm ernährt wird, und weil er im Allgemeinen auch der Stärkere an Geist und Körperkraft ist.«

Unterrichtsverlauf

Überblick. Ziel dieser Unterrichtseinheit ist die Erkenntnis, dass Fontane die gesellschaftlich vorgesehenen Rollen von Effi und Innstetten in ihrer Ehe unter Bezugnahme auf christliche Rollenleitbilder im Sinne der züchtig-gehorsamen Frau und ihres gottgleich gestellten Mannes bestimmt und damit eine entscheidende Ursache für das Scheitern der Ehe und dessen katastrophale Folgen für Effi feststellt und gleichzeitig die gesellschaftlichen Rollenvorstellungen kritisch beleuchtet. Um zu dieser Erkenntnis zu gelangen, erarbeitet sich die Lerngruppe zunächst anhand eines Vergleichs die Einsicht, dass Fontane das Hohen-Cremmen des Romans mit Elementen ausgestattet hat, die die realen Vorbilder des Herrenhauses nicht aufweisen, die sich dafür aber in bildlichen Darstellungen der Verkündigung finden. Weitere Übereinstimmungen mit den bildlichen Verkündigungsdarstellungen und ihrer Schilderung im Lukas-Evangelium wird die Lerngruppe dann bei einem Vergleich mit der äußeren Erscheinung Effis und ihrer Reaktion auf die Offenbarung von Innstettens Heiratsabsichten durch ihre Mutter feststellen. Die Lektüre von Auszügen aus zeitgenössischen Texten zur Rolle von Mann und Frau soll anschließend zeigen, dass es zwischen den christlichen Rollenleitbildern und denen des wilhelminischen Kaiserreichs deutliche Übereinstimmungen gibt. Zuletzt überträgt die Lerngruppe diese Einsichten auf Effi und ihre Ehe mit Innstetten und erkennt darin zum einen eine Ursache für den katastrophalen Verlauf, den Effis Leben später nimmt, und zum anderen eine Kritik des Romans an den zeitgenössischen Rollenvorstellungen.

Phase	Thema	Sozialform	Kompetenzen und Lernziele	Materialien
Voraussetzungen: genaue Textkenntnis bis Kapitel 3 (24,15), Kenntnis des gesamten Romans				
3.1	Vergleich der Beschreibung des Herrenhauses Hohen-Cremmen mit einem seiner realen Vorbilder	PA	• Die Lerngruppe erkennt, dass Fontane seine Beschreibung um Elemente ergänzt hat, die Gebäude und Anlage des realen Vorbilds für Hohen-Cremmen nicht aufweisen	ARBEITSBLATT 3a ➤ S. 37
3.2	Präsentation und Besprechung der Resultate	UG	• Der Lerngruppe ist bewusst, dass sie keine Erklärung für Fontanes Ergänzungen oder Veränderungen hat	ARBEITSBLATT 3a ➤ S. 37 VORLAGE 3 ➤ S. 32
3.3	Vergleich der Beschreibung des Herrenhauses Hohen-Cremmen und von Effis Kleidung mit bildlichen Darstellungen	PA	• Die Lerngruppe kann eine Beeinflussung der Gestaltung des Textes 5,1–6,3 und 17,10–35 durch die bildlichen und die biblische Verkündigungs-Darstellung begründen	ARBEITSBLATT 3b ➤ S. 38–40
3.4	Vorstellung und Diskussion der Ergebnisse	UG	• Die Lerngruppe erkennt, dass die Frage nach den Folgen von Fontanes Bezugnahme auf das Verkündigungs-Geschehen für das Verständnis des Romans noch zu klären ist	ARBEITSBLATT 3b ➤ S. 38–40
3.5	Übertragung des Verkündigungs-Geschehens auf Effis Situation	GA	• Die Lerngruppe deutet die Kreuz-Symbole in den beiden ersten Kapiteln als Hinweis auf Effis späteres Leiden an ihrem Charakter und ihre Heirat als Vertreibung aus dem Paradies ihrer Kindheit in eine Situation der Unterdrückung. • Sie sieht die Parallelen zwischen den im Verkündigungs-Geschehen angelegten Rollenleitbildern und denen der zeitgenössischen preußisch-wilhelminischen Gesellschaft	ARBEITSBLATT 3c ➤ S. 41f.
3.6	Präsentation und Besprechung der Resultate	UG	• Die Lerngruppe überprüft die im Unterrichtsschritt 2.8 formulierte Einsicht, dass die Heirat Effis mit Innstetten die entscheidende Ursache für die spätere katastrophale Entwicklung ihres Lebens ist	ARBEITSBLATT 3c ➤ S. 41f. TAFELBILD 3 ➤ S. 36
* HA	Erklärung der besonderen Bedeutung von Herthas Aufforderung »Effi, komm« (18,5) für Fontane oder Deutung von Max Liebermanns Illustration »Effi auf der Schaukel«	EA	• Die Lerngruppe sichert und vertieft ihr bisher erarbeitetes Verständnis des Romans	ARBEITSBLATT 3d ➤ S. 43

3.1 Vergleich der Beschreibung des Herrenhauses Hohen-Cremmen mit einem seiner realen Vorbilder

Unterrichtsschritt. Die Lerngruppe bearbeitet in Partnerarbeit die Arbeitsaufträge auf dem ARBEITSBLATT 3a *Hohen-Cremmen – Nennhausen.* PA

ARBEITSBLATT 3a ➤ S. 37

Erläuterungen. Bei diesen Arbeitsaufträgen kommt es auf die Feststellung an, dass Fontane in seiner Beschreibung von Gebäude und Anlage Elemente ergänzt oder Veränderungen vornimmt, die dann später als Bestandteile eines *hortus conclusus* bzw. der räumlichen Gestaltung der Verkündigung in der bildenden Kunst erkannt werden können. Die Lerngruppe wird aber möglicherweise auch Elemente wie die Bepflanzung des Rondells mit »Canna indica und Rhabarberstauden« (5,10) oder die »Gartenstühle[]« (5,27) feststellen, die in diesem Zusammenhang irrelevant sind. Im Lösungsvorschlag (s. Unterrichtsschritt 3.2) werden solche Elemente daher nicht berücksichtigt.

3.2 Präsentation und Besprechung der Resultate

UG

ARBEITSBLATT 3a

➤ S. 37

VORLAGE 3

➤ S. 32

Unterrichtsschritt. Die Ergebnisse der Partnerarbeit werden vorgestellt, diskutiert und in Gestalt der VORLAGE 3 ***Hohen-Cremmen – Nennhausen*** oder an der Tafel gesichert. Als Überleitung zum folgenden Unterrichtsschritt wird folgende Frage erörtert:

- Welche Gründe könnte Fontane für die Ergänzungen oder Veränderungen gehabt haben, die er in seiner Beschreibung gegenüber dem realen Vorbild vorgenommen hat?

VORLAGE 3

Hohen-Cremmen – Nennhausen

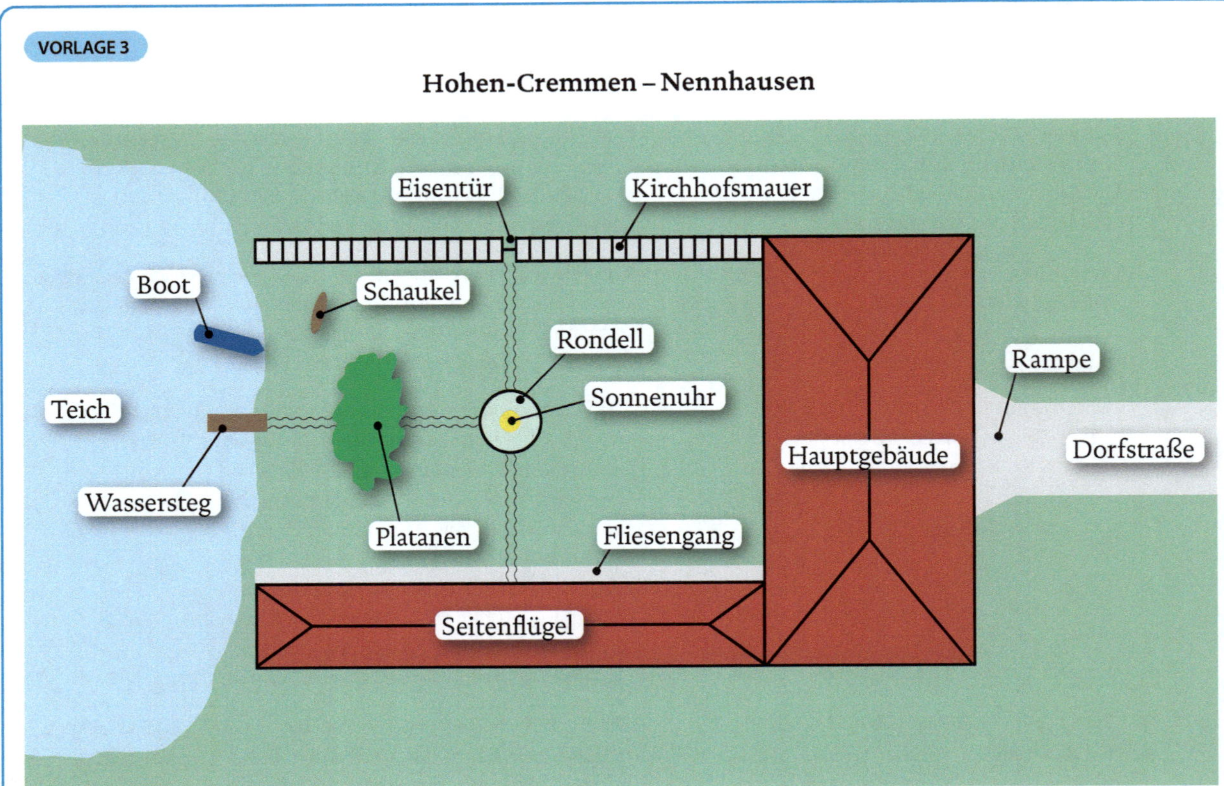

Die Anlage des Herrenhauses zu Hohen-Cremmen

Ergänzungen oder Veränderungen bei Hohen-Cremmen	
Gebäude	**Außenanlagen**
• »weiß und grün quadrierte[r] Fliesengang« (5,7 f.) ➤ **quadratische Fliesung des Bodens und Säulengang** • Treppe im Fliesengang, die vom Garten ins Hochparterre des Seitenflügels führt ➤ **Treppe von der Außenanlage ins Innere**	• Sonnenuhr • Kirchhofsmauer ➤ **Mauer als Gartenbegrenzung** • Eisentür in der Kirchhofsmauer ➤ **Tür in Mauer** • Hohen-Cremmener Kirche • Fronthaus, Seitenflügel und Kirchhofsmauer bilden ein den Garten »umschließendes Hufeisen« (5,18 f.) ➤ **abgeschlossener Garten** • Teich *als Abschluss* des von Fronthaus, Seitenflügel und Kirchhofsmauer gebildeten »Hufeisen[s]« (5,19) ➤ **abgeschlossener Garten** • Schaukel

Erläuterungen. Bei der Sicherung der Ergänzungen oder Veränderungen ist es wichtig, dass mehrere Elemente in einer Ergänzung auseinandergehalten werden und gleichzeitig etwas verallgemeinert wird: So liegen im Fall des »weiß und grün quadrierten Fliesengang[s]« mit der quadratischen Fliesung des Bodens und dem Säulengang zwei Elemente vor, während die Farbe der Fliesen vernachlässigt werden kann. Im Ergebnis kommt es auf die Ergänzungen oder Veränderungen an, die in VORLAGE 3 nach dem Pfeil festgehalten wurden. Sollten von der Lerngruppe Ergänzungen oder Veränderungen genannt werden, die – wie etwa die erwähnte Bepflanzung des Rondells oder die Bestuhlung der Rampe – irrelevant sind, kann diese Irrelevanz durch den Hinweis deutlich gemacht werden, dass es sich bei solchen Ergänzungen oder Veränderungen um vorübergehende, zufällige handelt, während ein Säulengang oder die Lage des Teiches dauerhaft und Ergebnis bewusster Planung sind.

Überleitungsfrage: Bei der Frage nach den Gründen für Fontanes Abweichungen kommt es weniger auf zutreffende Erklärungen an, über die die Lerngruppe zu diesem Zeitpunkt nur spekulieren kann, als auf die Bewusstmachung einer Erklärungs*notwendigkeit* einerseits und eines Erklärungs*defizits* andererseits. Denn insbesondere durch das Letztere kann die Bearbeitung des Arbeitsauftrags auf dem ARBEITSBLATT 3b dann als Antwort auf eine Frage fungieren, die die Lerngruppe mit ihren bis dahin verfügbaren Mitteln nicht lösen konnte.

3.3 Vergleich der Beschreibung des Herrenhauses Hohen-Cremmen und von Effis Kleidung mit bildlichen Darstellungen

Unterrichtsschritt. Die Lerngruppe bearbeitet die Arbeitsaufträge auf dem ARBEITSBLATT 3b ***Verkündigungs-Darstellungen.*** PA

ARBEITSBLATT 3b
➤ S. 38–40
Lösungshinweise
➤ S. 116

Erläuterungen zu ARBEITSBLATT 3b. *Arbeitsauftrag 1:* Zu einer genauen, detaillierten Betrachtung von Bildern haben Schülerinnen und Schüler kaum noch Anlass, und da es hier auf die Details ankommt, könnte es hilfreich sein, den Vergleich der Bilder mit den Beschreibungen an einem ersten Beispiel gemeinsam anzustellen. Dafür bieten sich z. B. der quadrierte Fliesenboden im linken Hintergrund der »Verkündigung« von Melchior Broederlam (Abb. 1) oder der im Hintergrund des rechten Flügels des Ehninger Altars (Abb. 5) sichtbare Säulengang an.

Dass sich Kirche, Sonnenuhr und Schaukel nicht in den bildlichen Verkündigungs-Darstellungen finden, lässt sich für die Kirche leicht erklären und für Sonnenuhr und Schaukel didaktisch fruchtbar machen. Denn die Erwähnung der Kirche kann damit begründet werden, dass sich in ländlichen Gebieten wie Hohen-Cremmen Kirchhöfe und Kirchen früher fast immer in unmittelbarer Nähe zueinander befanden, so dass auch für Fontane beides selbstverständlich zusammengehörte und die Kirche nicht unerwähnt bleiben konnte, wo eine Kirchhofsmauer bzw. ein Kirchhof angesprochen wird. Dass Sonnenuhr und Schaukel in die Beschreibung aufgenommen werden, lässt sich für die erstere mit dem Hinweis darauf begründen, dass die Sonnenuhr ein traditionelles Symbol für die Vergänglichkeit oder das Leiden des Menschen ist. Die Schaukel symbolisiert Effis auf Risiko gestelltes Wesen und ist somit Anlass, im Rahmen des Unterrichtsschrittes 3.4 noch einmal auf die in der ersten Unterrichtseinheit bestimmten Hinweise auf eine spätere katastrophale Entwicklung Effis zurückzukommen und die Frage nach den möglichen Ursachen für diese Entwicklung gegenwärtig zu halten.

Arbeitsauftrag 2: In beiden Texten wird einer Jungfrau durch eine Autoritätsperson (Engel Gabriel / Mutter) etwas offenbart, was sie erschrecken lässt (Lukas 1,29 / 17,13 f. bzw. 34 f.). Hier wie da ist Inhalt der Offenbarung die Verbindung der Jungfrau mit einem Menschen, der in jeder Hinsicht ein Vorbild ist (Lukas 1,32 f. / 17,20 ff.), wobei die biblische Erzählung ihn ausdrücklich zum »König« (Lukas 1,32), also zum Herrscher erklärt. Außerdem steht in beiden Texten außer Frage, dass die Jungfrau das tun wird, was die Offenbarung nahelegt, dass sie also gehorsam sein wird.

Arbeitsauftrag 3: Es finden sich fast alle Ergänzungen und Veränderungen, die Fontane in seiner Beschreibung des Gebäudes und der Anlage von Hohen-Cremmen vornimmt, in den bildlichen Darstellungen der Verkündigung. Auch die Beschreibung von Effis Kleidung enthält wichtige Elemente, die mit Ausnahme des Mérode-Altars der Campin-Werkstatt (Abb. 2) alle Verkündigungs-Darstellungen aufweisen. Letzterer zeigt Maria zwar in einem roten Kleid, doch das Blau, das in den anderen Darstellungen die Farbe des Kleides ist, findet sich in dem Tuch auf der Bank. Zwischen der biblischen Erzählung der Verkündigung und der Offenbarung von Innstettens Heiratsabsichten gibt es ebenfalls auffällige Übereinstimmungen in wesentlichen Hinsichten, so dass es gute Gründe gibt anzunehmen, dass die bildlichen und die biblische Darstellung der Verkündigung Fontanes Beschreibung von Gebäude und Anlage sowie von Effis Kleidung beeinflusst haben.

3.4 Vorstellung und Diskussion der Ergebnisse

UG

ARBEITSBLATT 3b

➤ S. 38–40

Unterrichtsschritt. Die Resultate der Gruppenarbeit der Arbeitsaufträge 1, 2 und 3 auf dem ARBEITSBLATT 3b werden im Unterrichtsgespräch ausgetauscht und an der Tafel oder einem entsprechenden digitalen Medium gesichert (s. Lösungshinweise).

Am Ende dieser Auswertung steht die Diskussion folgender *weiterführenden Frage*:

- Wir können inzwischen mit ziemlicher Sicherheit davon ausgehen, dass Fontane in den gerade untersuchten Passagen des ersten und zweiten Kapitels Bezug auf bildliche und die biblische Darstellung der Verkündigung nimmt. Aber welche Auswirkungen auf die Frage nach den Ursachen für die katastrophale Entwicklung von Effis Leben und unsere Deutung des Romangeschehens insgesamt hat das?

Die Diskussion dieser Frage kann zwar noch nicht zu belastbaren Ergebnissen führen, sensibilisiert jedoch für die Notwendigkeit, sie zu klären, und leitet zum nächsten Unterrichtsschritt über.

Erläuterungen. *Arbeitsauftrag 1:* Eingegangen werden sollte auf Kirche, Sonnenuhr und Schaukel, die sich zwar in Fontanes Beschreibung der Anlage von Hohen-Cremmen, nicht jedoch in den bildlichen Verkündigungsdarstellungen nachweisen lassen: Für die Kirche bietet die Lehrkraft die unter 3.3 vorgeschlagene Erklärung an, mit Blick auf die Sonnenuhr verweist sie auf deren symbolische Bedeutung und in Hinsicht auf die Schaukel fordert sie die Lerngruppe auf, sie in einen Zusammenhang mit den in der zweiten Unterrichtseinheit festgestellten charakterlichen Ursachen für die spätere katastrophale Entwicklung von Effis Leben zu stellen: »Sehen Sie noch einmal die charakterlichen Ursachen an, die wir für die spätere katastrophale Entwicklung von Effis Leben festgestellt haben: Welcher Ursache würden Sie die Schaukel zuordnen?« Die Lerngruppe kann sie dabei sowohl mit Effis risikofreudigem Wesen als auch mit ihrer unbändigen körperlichen Energie zusammenbringen.

Arbeitsauftrag 2: Die Einsicht in die Übereinstimmungen zwischen der biblischen Verkündigungs-Erzählung und der Offenbarung von Innstettens Heiratsabsichten durch Frau von Briest wird nicht allen Schülerinnen und Schülern leichtfallen, zumal sie, von dem Erschrecken abgesehen, auf einer eher grundsätzlich-strukturellen Ebene liegen. Hier wird die ein oder andere Übereinstimmung erst im Unterrichtsgespräch festgestellt werden können.

Arbeitsauftrag 3: Das Ergebnis der Beurteilung eines möglichen Einflusses der bildlichen und der biblischen Darstellung der Verkündigung auf die einschlägigen Passagen des ersten und zweiten Kapitels dürfte relativ eindeutig ausfallen.

3.5 Übertragung des Verkündigungs-Geschehens auf Effis Situation

GA

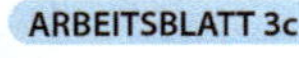

ARBEITSBLATT 3c

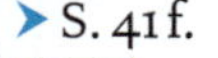

➤ S. 41 f.

Unterrichtsschritt. Die Lerngruppe bearbeitet die Arbeitsaufträge auf dem ARBEITSBLATT 3c ***Effi, Verkündigungsbilder und die Rolle der Frau im wilhelminischen Kaiserreich.***

Erläuterungen zu ARBEITSBLATT 3c. *Arbeitsauftrag 1:* Da die Lerngruppe mit dem Text der ersten beiden Kapitel inzwischen sehr gut vertraut ist, dürfte sie die beiden Kreuz-Symbole rasch finden. Und vor dem Hintergrund der Überlegungen zu den in der zweiten Unterrichtseinheit festgestellten charakterlichen Ursachen für die spätere katastrophale Entwicklung von Effis Leben kann die durchaus anspruchsvolle Bedeutungsübertragung auch von weniger leistungsstarken Schülerinnen und Schülern in Gruppenarbeit geleistet werden.

Arbeitsauftrag 2: Für Effi bedeutet die Heirat mit Innstetten die Vertreibung aus dem Paradies ihrer Kindheit. Denn wie Eva das Paradies verlassen musste, nachdem sie ihre bewusstseinsmäßige Unschuld durch das verbotene Essen vom Baum der Erkenntnis verloren hatte, muss auch Effi Hohen-Cremmen verlassen, weil sie durch die Heirat mit Innstetten ebenfalls im Begriff ist, ihre Unschuld zu verlieren, die in diesem Fall eine körperliche ist. In der Ehe wird sie sich und die in ihrem Charakter gründenden Bedürfnisse der Herrschaft eines gottähnlich gestellten Mannes unterwerfen und gehorsam sein müssen.

Arbeitsauftrag 3: Die Gemeinsamkeiten zwischen den beiden Rollenleitbildern springen ins Auge, und die zeitlich frühere Entstehung der Verkündigungs-Erzählung legt vor diesem Hintergrund nahe, dass die darin enthaltenen Rollenleitbilder für die späteren des wilhelminischen Kaiserreichs vorbildlich waren. Der Vollständigkeit halber sollte die Lerngruppe allerdings darüber informiert werden, dass zu diesem Zeitpunkt die Ehe zur Zivilehe geworden war und damit ihr christlicher Hintergrund immer mehr an Bedeutung verloren hatte. Die christlichen Rollenleitbilder waren also Ende des 19. Jahrhunderts tatsächlich zu Wunschbildern geworden (vgl. Walter Müller-Seidel, *Theodor Fontane. Soziale Romankunst in Deutschland*, Stuttgart 1975, S. 332 ff.), die deshalb ihre normierende Kraft aber keineswegs vollständig eingebüßt hatten.

Arbeitsauftrag 4: Dieser Arbeitsauftrag setzt u. U. eine Klärung seitens der Lehrkraft voraus. Denn hinter der Frage, wie *der Roman* die Rollenleitbilder bewertet, steht die Überzeugung, dass gerade im Fall eines Autors wie Fontane die Unterscheidung zwischen der *intentio operis* und der *intentio auctoris* wichtig ist und letztere keineswegs in der ersteren aufgeht: Fontane konfrontiert in seinen Romanen oft genug seine eigene Position mit fremden Standpunkten und relativiert dadurch alle Positionen. Die Leserinnen und Leser sind dadurch gezwungen, sich ein eigenes Urteil zu bilden. In diesem Arbeitsauftrag geht es denn auch um die Bewertung der Rollenleitbilder durch die Erzählung der Folgen, die sie für die Figuren des Romans haben: Was sagt etwa die katastrophale Entwicklung von Effis Leben über diese Rollenleitbilder aus und was die Verfassung, in der sich Innstetten am Ende des Romans befindet?

Die Lerngruppe wird dabei zu dem Ergebnis kommen, dass der Roman die christlichen Rollenleitbilder und die des wilhelminischen Kaiserreichs in ein ausgesprochen kritisches Licht rückt: Nicht nur, dass sie die Unterdrückung von Effis charakterlich bedingten Bedürfnissen zugunsten eines Mannes fordern, der ihr im Gegenzug auf der Gefühlsebene wenig zu bieten hat und auch nur wenig bieten muss: Sie sind dadurch mittelbar auch ursächlich für Effis Ehebruch, das Duell und den Tod Crampas' und Innstettens abschließende Feststellung: »Mein Leben ist verpfuscht« (323,20). Würde die Lerngruppe außerdem noch die Folgen für andere Figuren wie Inspektor Pink (25,19–27) oder auch Roswitha mit in Betracht ziehen (198,20–200,11), fiele das Ergebnis noch klarer aus.

3.6 Präsentation und Besprechung der Resultate

UG

Unterrichtsschritt. Die Ergebnisse der Gruppenarbeit zum ARBEITSBLATT 3c werden vorgestellt, diskutiert und an der Tafel oder in einem entsprechenden digitalen Medium gesichert (TAFELBILD 3).

Nach der Präsentation und Diskussion wird die Lerngruppe aufgefordert, im Licht der geistesgeschichtlichen Perspektive ihre Bestimmung der entscheidenden Ursache für die spätere katastrophale Entwicklung von Effis Leben noch einmal zu überprüfen:

- Sie hatten die Ehe mit Innstetten als die entscheidende Ursache für die spätere katastrophale Entwicklung von Effis Leben bestimmt. Würden Sie daran weiter festhalten?

ARBEITSBLATT 3c ➤ S. 41 f.
TAFELBILD 3 ➤ S. 36

Erläuterungen zur abschließenden Diskussion: Effis charakterliche Anlagen tragen zwar zu ihrem katastrophalen Ende bei, doch vor dem Hintergrund anderer Rollenleitbilder hätte sie diese Anlagen in ihrer Ehe nicht unterdrücken müssen. Allerdings wären die Rollenleitbilder bei einem anderen Mann, einem Mann, der die Entwicklung dieser Anlagen zugelassen oder vielleicht sogar gefördert hätte, irrelevant gewesen, so dass am Ende die Ehe mit Innstetten die entscheidende Ursache für die katastrophale Entwicklung von Effis Leben ist.

Hausaufgabe

EA

Unterrichtsschritt. Die Lerngruppe bearbeitet einen der beiden Arbeitsaufträge auf ARBEITSBLATT 3d ***Von der »Tochter der Luft« zum »geduckt[en] Vögelchen«*** als Hausaufgabe.

ARBEITSBLATT 3d ➤ S. 43

Erläuterungen. Die beiden Arbeitsaufträge differenzieren nicht hinsichtlich des Anforderungsniveaus, sondern kognitiv: Der erste wendet sich an die Schülerinnen und Schüler, die sich lieber analytisch mit Texten befassen, der zweite ermöglicht zunächst einen visuellen Zugang.

Arbeitsauftrag 1: Vor dem Hintergrund der Deutung von Effis Heirat mit Innstetten als Vertreibung aus dem Paradies der Kindheit liegt die Vermutung nahe, dass Fontane in der Aufforderung Herthas und dem anschließenden Verschwinden der beiden Kindheitsgefährtinnen von Effi eben diesen erzwungenen Abschied von der Kindheit verdichtet fand: Noch einen Tag zuvor hätte Effi der Aufforderung Herthas nachkommen und mit ihren Freundinnen spielen können, und auch jetzt würde sie das nur zu gerne tun. Doch inzwischen gehören die Freundinnen und das Spiel nicht mehr in ihre Welt, weshalb sie auch von draußen in den Gartensalon gucken, der für

TAFELBILD 3

Effi, Verkündigungsbilder und die Rolle der Frau im wilhelminischen Kaiserreich

Effi und biblische Bezüge:

Kreuz-Symbol (Seite/Zeilen)	Bedeutung
»und wenn sie dann so dastand und langsam die Arme hebend, die Handflächen hoch über dem Kopf zusammenlegte« (6,18–20) ➤ Im Verlauf dieser Bewegung gibt es einen Moment, indem sich beide Arme Effis in der Waagerechten befinden, so dass sie ein Kreuz bildet.	Wie Jesus um der Erlösung des Menschen willen leiden musste, wird Effi wegen ihrer körperlichen und erotischen Energie leiden müssen.
»Papa hat mir erst neulich wieder einen Mastbaum versprochen, hier dicht neben der Schaukel, mit Rahen und einer Strickleiter.« (14,18–20) ➤ Die Rah ist eine quer am Mast befestigte segeltragende Rundstange, die also mit dem Mast ein Kreuz bildet.	Dass Effi Hulda auf dem Kreuz »einen Kuss geben« (14,24) will, unterstreicht, dass es ihre erotische Energie ist, um derentwillen sie später leiden muss.

➤ Effis Heirat mit Innstetten = Vertreibung aus dem Paradies ihrer Kindheit

Die Rolle der Frau in den Verkündigungsbildern und in zeitgenössischen Lexikoneinträgen:

Gemeinsamkeiten	Unterschiede
• Der Mann ist Herrscher. • Der Wirkungskreis der Frau ist die Familie. • Ihr wird mitgeteilt, was sie zu tun hat, und sie muss gehorchen. • Die Begründung der Stellung des Mannes ist Glaubenssache: In der Verkündigung wird sie durch die bloße Mitteilung ersetzt; in dem Lexikon-Eintrag zur »Frauenfrage« besteht sie in unbewiesenen Behauptungen über das Wesen der Frau (z. B. ihr »vorherrschende[s] Gemütsleben« ➤ Frauen lassen sich von Gefühlen leiten)	In den Lexikon-Einträgen werden Stellung und Aufgaben von Mann und Frau detaillierter beschrieben und gesetzlich abgesichert.

Effis neue Welt und das ihr darin vorbestimmte Leiden (Wein) steht. Diese hochkomprimierte Symbolik der Szene enthält im Kern aber tatsächlich die gesamte weitere Entwicklung Effis, die der Roman dann erzählt. (Zitat Fontanes: WSB I.4: S. 711.)

Arbeitsauftrag 2: Das Bild zeigt Effi, die stehend schaukelt, und daran ist zunächst auffällig, dass sie das im ersten Kapitel nicht tut. Erst das fünfzehnte Kapitel zeigt sie in dieser Position (132,11–15) und gibt zu erkennen, dass sie auch »früher« (132,12) schon in dieser Weise geschaukelt hatte. Bei Liebermanns Lithographie handelt es sich insofern nicht um eine Illustration des Textes, sondern um eine Veranschaulichung von Effis Wesen, ihrer Freude am Spiel und ihres Hangs zum Risiko. Außerdem weist die Effi der Lithographie wenig Ähnlichkeit mit ihrer Beschreibung in den Textpassagen auf, in denen sie schaukelt: Statt des freudig-aufgeregten Gesichtsausdrucks und des erhobenen Kopfes, den man danach erwarten würde, ist ihr Kopf gesenkt, und da die Schaukelseile vom Querbalken bis zu ihren Händen sichtbar sind, scheint sie an den Armen aufgehängt zu sein. Insgesamt ähnelt sie in der Lithographie also eher Darstellungen des gekreuzigten Jesus, und mit Blick auf die im Text der beiden ersten Kapitel versteckten Kreuz-Symbole und ihre Bedeutung für Effi erscheint diese Ähnlichkeit auch angemessen. Liebermann hätte also in seiner schaukelnden Effi nicht nur entscheidende Wesenszüge, sondern auch deren leidvolle Folgen für sie verbildlicht, und insofern hat seine Lithographie Effis Wesen ausgesprochen gut getroffen.

ARBEITSBLATT 3a

Hohen-Cremmen – Nennhausen

Arbeitsauftrag:

Sie finden unten Abbildungen des etwa 70 km westlich von Berlin gelegenen Schlosses Nennhausen und seiner Anlage. Das Schloss gilt als reales Vorbild des Herrenhauses zu Hohen-Cremmen.

1. Fertigen Sie zunächst nach Fontanes Beschreibung (Reclam XL, 5,1–6,3) eine Skizze der Anlage des Wohnsitzes der Familie von Briest an.
2. Vergleichen Sie anschließend die Abbildungen von Schloss Nennhausen und seiner Anlage mit Fontanes Beschreibung von Hohen-Cremmen und halten Sie tabellarisch fest (Gebäude, Außenanlagen), wo Fontane in dieser Beschreibung gegenüber dem realen Vorbild etwas ergänzt oder verändert.

Schloss Nennhausen, von der Parkseite.
– Foto: CC BY-SA 4.0 / Gregor Rom

Schloss Nennhausen, Vorderseite.
– Foto: Peter Csajkas

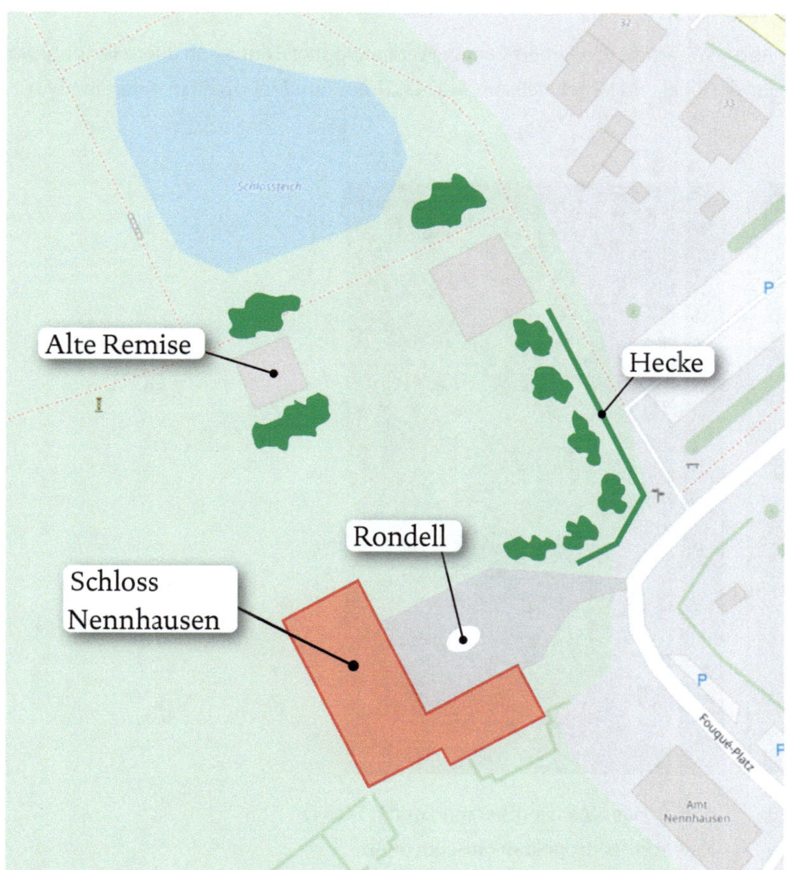

Anlage von Schloss Nennhausen. – Daten: OpenStreetMap, veröffentlicht unter ODbL (bearbeitet)

2023 Reclam Verlag / Joachim Hagner

ARBEITSBLATT 3b (Seite 1 von 3)

Verkündigungs-Darstellungen

Arbeitsaufträge

Die folgenden Abbildungen zeigen Darstellungen der sogenannten »Verkündigung« aus der bildenden Kunst: Nach der christlichen Überlieferung ist der jungfräulichen Maria, der Frau von Joseph, der Engel Gabriel erschienen, um ihr zu verkünden, dass sie den Sohn Gottes gebären wird, den sie Jesus nennen soll.

1. Vergleichen Sie Fontanes Beschreibung des Herrenhauses zu Hohen-Cremmen und seiner Außenanlagen (Reclam XL, 5,1–6,3) sowie von Effis Kleidung (6,24–28) mit den bildlichen Verkündigungs-Darstellungen. Erstellen Sie eine tabellarische Übersicht der Entsprechungen wie auf der nächsten Seite angedeutet.

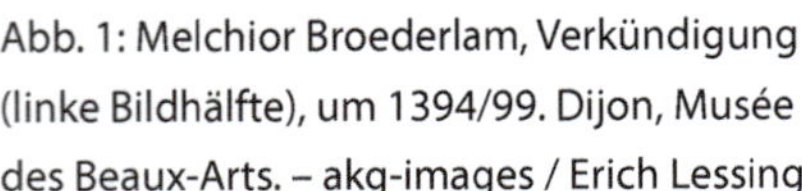

Abb. 1: Melchior Broederlam, Verkündigung (linke Bildhälfte), um 1394/99. Dijon, Musée des Beaux-Arts. – akg-images / Erich Lessing

Abb. 2: Werkstatt von Robert Campin: Verkündigungs-Triptychon (Mérode-Triptychon, linker Flügel und Mitteltafel), um 1427–32. New York, Metropolitan Museum of Art

Abb. 3: Petrus Christus (?): Verkündigung, um 1450. New York, Metropolitan Museum of Art

Abb. 4: Hans Memling: Verkündigung, 1465–75. New York, Metropolitan Museum of Art

2023 Reclam Verlag / Joachim Hagner

Abb. 5: Ehninger Altar, Verkündigung (linker und rechter Außenflügel), um 1476. Stuttgart, Staatsgalerie

Abb. 6: Hans Memling: Verkündigung, 1480–89. New York, Metropolitan Museum of Art

Darstellung in *Effi Briest*	entspricht der Verkündigungs-Darstellung von
Gebäude	
…	…
Außenanlagen	
…	…
Effis Kleidung	
…	…

2023 Reclam Verlag / Joachim Hagner

2. Lesen Sie die biblische Erzählung von der Verkündigung und die der Offenbarung von Innstettens Heiratsabsichten durch Frau von Briest (Reclam XL, 17,10–35 bis »Zittern«): Gibt es Übereinstimmungen zwischen den beiden Texten?

Aus dem Neuen Testament, Lukas 1,26–35

26 Und im sechsten Monat ward der Engel Gabriel gesandt von Gott in eine Stadt in Galiläa, die heißt Naza-
reth, 27 zu einer Jungfrau, die vertraut war einem Manne mit Namen Joseph, vom Hause David; und die
Jungfrau hieß Maria. 28 Und der Engel kam zu ihr hinein und sprach: Gegrüßet seist du, Holdselige! Der
Herr ist mit dir, du Gebenedeiete unter den Weibern! 29 Da sie aber ihn sah, erschrak sie über seine Rede
und gedachte: Welch ein Gruß ist das? 30 Und der Engel sprach zu ihr: Fürchte dich nicht, Maria! du hast
Gnade bei Gott gefunden. 31 Siehe, du wirst schwanger werden und einen Sohn gebären, des Namen sollst
du Jesus heißen. 32 Der wird groß sein und ein Sohn des Höchsten genannt werden; und Gott der Herr
wird ihm den Stuhl seines Vaters David geben; 33 Und er wird ein König sein über das Haus Jakob ewiglich,
und seines Königreichs wird kein Ende sein. 34 Da sprach Maria zu dem Engel: Wie soll das zugehen, sinte-
mal ich von keinem Manne weiß? 35 Der Engel antwortete und sprach zu ihr: Der heilige Geist wird über
dich kommen, und die Kraft des Höchsten wird dich überschatten; darum wird auch das Heilige, das von
dir geboren wird, Gottes Sohn genannt werden.

3. Beurteilen Sie in einem Fließtext, inwiefern die bildlichen und die biblische Darstellung der Verkündigung Einfluss auf die Gestaltung der vorgenannten Passagen des ersten und zweiten Kapitels von *Effi Briest* gehabt haben könnten.

2023 Reclam Verlag / Joachim Hagner

Effi, Verkündigungsbilder und die Rolle der Frau im wilhelminischen Kaiserreich

Arbeitsaufträge

Ein »umschl[ossener]« (5,18 f.) Garten wie der, in dem Effi im ersten Kapitel spielt, und wie ihn die Verkündigungs-Darstellungen zeigen, wird in der bildenden Kunst als *hortus conclusus* bezeichnet. In der christlichen Symbollehre gilt er als Symbol für die Jungfräulichkeit und die unbefleckte Empfängnis. Außerdem ist nach christlicher Auslegung im *hortus conclusus* das Paradies mitgedacht, zu dem der *hortus conclusus* den Gegentypus bildet: Denn darin wird Maria verkündet, dass sie den Gottessohn zur Welt bringen und damit Grund der Erlösung des Menschen sein wird. Aus dem Paradies dagegen wurde Eva wegen der Sünde des verbotenen Essens vom Baum der Erkenntnis vertrieben und damit zur Ursache des Todes. Der *hortus conclusus* und das Paradies gehören also so zusammen wie die jungfräuliche Maria und die sündige Eva. In die Verkündigung der Geburt des Gottessohnes im *hortus conclusus* ist außerdem dessen Leiden um der Erlösung des Menschen willen eingeschlossen, das durch das Kreuz symbolisiert wird.

1. Suchen Sie im Text des ersten und zweiten Kapitels nach Kreuz-Symbolen und übertragen Sie deren Bedeutung auf Effi.
   Beziehen Sie dabei ihre Überlegungen zu charakterlichen Ursachen für die spätere katastrophale Entwicklung von Effis Leben aus der zweiten Unterrichtseinheit ein.

Kreuz-Symbol (Seite/Zeilen)	Bedeutung

2. Vergegenwärtigen Sie sich noch einmal Effis Charakter, soweit Sie ihn sich bereits erschlossen haben. Erklären Sie dann auf der Grundlage der obigen Erläuterungen des Verkündigungs-Geschehens einerseits und der Übereinstimmungen zwischen diesem Geschehen und der Offenbarung von Innstettens Heiratsabsichten andererseits, welche Bedeutung die Heirat für Effi hat.
3. Fontanes Arbeit an *Effi Briest* (1888/89–1894) fällt in die Zeit des deutschen Kaiserreichs Wilhelms II. (1888–1918). Das Bild, das diese Zeit von der Rolle der Frau und des Mannes hatte, kommt u. a. in *Meyers Konversations-Lexikon* zum Ausdruck, das den Anspruch hatte, den Stand des Wissens im ausgehenden 19. Jahrhundert für ein breites Publikum zu dokumentieren. Einschließlich seiner vierten Auflage 1885–1892 wurde das Lexikon über 500 000 Mal verkauft und war entsprechend weit verbreitet. Nachstehend finden Sie Auszüge aus den Einträgen »Ehe«, »Patriarchat« und »Frauenfrage«:

> »Den Wohnort bestimmt der Ehemann. Er kann von der Frau häusliche Dienste verlangen. Dafür hat die Frau von dem Ehemann standesgemäßen Unterhalt zu beanspruchen. Dieselbe kann sich ohne Zustimmung des Mannes nicht vertragsmäßig verpflichten, wofern sie nicht eine Handelsfrau ist.«
>
> Ehe. In: Meyers Konversations-Lexikon. Eine Enzyklopädie des allgemeinen Wissens. Bd. 5. Leipzig/Wien: Verlag des Bibliographischen Instituts [4]1890. S. 340.

2023 Reclam Verlag / Joachim Hagner

»[D]ie Würde eines Patriarchen; sodann die erst nach der Einführung der Privatehe eintretende und daher bei vielen Naturvölkern fehlende Rechtsanschauung, nach welcher der Vater das unbestrittene Oberhaupt der Familie […] bildet.«

Patriarchat. In: Meyers Konversations-Lexikon. Eine Enyzklopädie des allgemeinen Wissens. Bd. 12. Leipzig/Wien: Verlag des Bibliographischen Instituts [4]1890. S. 779.

»Die Gleichstellung des weiblichen Geschlechts mit dem männlichen auf dem Gebiet des Privatrechts (Einräumung gleicher Befugnisse in Bezug auf Vermögensverwaltung, Testamentserrichtung, Vormundschaftsführung, Bürgschaftsleistung etc.) entspricht einer Forderung der Gerechtigkeit, deren Erfüllung auf höherer Kulturstufe nicht abzuweisen ist. Von den meisten Kulturvölkern ist sie im Prinzip anerkannt und der Hauptsache nach vollzogen. Immerhin sind noch manche beschränkende Bestimmungen, besonders im Familienrecht, in Geltung, welche der Anschauung entspringen, daß dem Mann als dem Haupte der Familie auch die Verwaltung und Nutznießung des seiner Frau gehörigen Vermögens gebühre. Daß die politische Gleichberechtigung des weiblichen Geschlechts ebenso allgemeine Anerkennung in Zukunft finden werde wie die privatrechtliche[,] unterliegt starkem Zweifel. Auch gehen die Forderungen der Frauen selbst in der Regel über die Gewährung des bloßen Stimmrechts nicht hinaus. Das auf politische Gleichberechtigung gerichtete Verlangen entspringt weniger einem praktischen Bedürfnis als einer theoretischen Anschauung von zweifelhaftem Werte. Die geistige Individualität der Frau sowie das bei ihr vorherrschende Gemütsleben lassen sie für eine thätige Teilnahme am öffentlichen Leben wenig geeignet erscheinen. Verwirft auch die moderne Kultur sowohl die grausame Knechtung der Frau, wie sie bei rohen Völkern und im Orient vorkommt, als auch die römische Tutel (s. Vormundschaft) […], so will sie doch durch Anerkennung der idealisierten Geschlechtsverschiedenheit gerade dem Interesse echter Weiblichkeit dienen und der Frau zu einer würdigen Stellung und zu einem segensreichen Wirkungskreis verhelfen. Dem Mann der Staat, der Frau die Familie!«

Frauenfrage. In: Meyers Konversations-Lexikon. Eine Enyzklopädie des allgemeinen Wissens. Bd. 6. Leipzig/Wien: Verlag des Bibliographischen Instituts [4]1890. S. 625.

Bestimmen Sie Gemeinsamkeiten und Unterschiede des Rollenleitbilds, das sich dem Verkündigungs-Geschehen und den Lexikon-Einträgen entnehmen lässt, und stellen Sie Vermutungen über das Verhältnis der beiden Rollenleitbilder an.

Gemeinsamkeiten	Unterschiede

4. Legen Sie auf der Grundlage Ihres bisherigen Kenntnisstandes dar, wie der Roman die christlichen Rollenleitbilder und die des wilhelminischen Kaiserreichs bewertet.

2023 Reclam Verlag / Joachim Hagner

Von der »Tochter der Luft« zum »geduckt[en] Vögelchen«

Arbeitsaufträge

Bearbeiten Sie einen der beiden nachfolgenden Arbeitsaufträge.

1. In einem Brief vom 21. Februar 1896 an Friedrich Spielhagen berichtet Fontane davon, wie ihm eine Freundin die Geschichte erzählt hat, aus der dann *Effi Briest* entstanden ist:

   »Die ganze Geschichte ist eine Ehebruchsgeschichte wie hundert andre mehr und hätte, als mir Frau L. davon erzählte, weiter keinen großen Eindruck auf mich gemacht, wenn nicht (vergl. das kurze 2. Kapitel) die Szene bez. die Worte: ›Effi komm‹ darin vorgekommen wären. Das Auftauchen der Mädchen an den mit Wein überwachsenen Fenstern, die Rotköpfe, der Zuruf und dann das Niederducken und Verschwinden machten *solchen* Eindruck auf mich, daß aus *dieser* Szene die ganze lange Geschichte entstanden ist.«

   Stellen Sie begründend Vermutungen darüber an, warum gerade diese Szene (17,34–18,9) Fontane so beeindruckt hat.

   Hinweis: Wein galt in einem zu Fontanes Zeit weitverbreiteten Handbuch zur christlichen Symbolik als Symbol für den Leidensweg und den Kreuzestod Jesu.

2. Nachstehend sehen Sie eine von 21 Lithographien, die der Künstler Max Liebermann (1847–1935) für eine Liebhaber-Ausgabe von *Effi Briest* geschaffen hat. Sie findet sich im ersten Kapitel und zeigt Effi auf der Schaukel. Beschreiben Sie kurz den Bildinhalt und Ihren Eindruck und beurteilen Sie dann, ob die Lithographie Effi und ihrem Wesen angemessen ist.

Lithographie von Max Liebermann zu *Effi Briest*, 1927

Reclam Literaturunterricht 2023 Reclam Verlag / Joachim Hagner

4 Stationen einer Ehe
Den Aufbau des Romans nachvollziehen

Sachanalyse

Nachdem die Lerngruppe sich bisher im Wesentlichen mit den ersten drei Kapiteln befasst hat, soll sie jetzt weit ausgreifen, indem sie sich einen Überblick über den Aufbau des Romans verschafft. Als Grundlage dafür dient die Ehe von Effi und Innstetten, die bei aller sonstigen thematischen Fülle immerhin das Handlungsgerüst von *Effi Briest* stellt. Von den Stationen dieser Ehe aus lässt sich dann nicht nur der Aufbau des Romans erschließen, sondern es können auch die mit diesen Stationen inhaltlich zusammenhängenden Themen beleuchtet werden. Um aber die entscheidenden Stationen zu identifizieren, bietet sich ein Verfahren an, das Sydney Alvan Field (1935–2013) für das Schreiben von Drehbüchern entwickelt hat. Field, der an der USC School of Cinematic Arts in Los Angeles Drehbuchschreiben gelehrt hat, geht dabei in Anlehnung an die *Poetik* von Aristoteles von einer Drei-Akt-Struktur und von zwei zentralen sogenannten »Plot Points«[1] aus, die die Verbindung zwischen den Akten herstellen. Es lässt sich natürlich darüber streiten, ob die Beschränkung auf drei Akte und zwei zentrale Plot Points jedem literarischen Werk angemessen ist, aber sie hat den großen Vorteil, dass sie dazu zwingt, sich nicht nur den Inhalt sehr genau zu vergegenwärtigen, sondern ihn außerdem zu kategorisieren und das Wesentliche vom Nebensächlichen zu unterscheiden. Auf diese Weise gewinnen die Schülerinnen und Schüler die Einsicht in den Aufbau des Romans und zugleich Brückenköpfe, von denen aus sie Verbindungen in andere thematische Richtungen herstellen können. So werden in *Effi Briest* die Plot Points von dem Chinesen(-Spuk) (Kap. 8–10) und der Entdeckung der Crampas-Briefe (Kap. 26–27) gebildet, und beides wird sich als zentral für das Verständnis bestimmter Verhaltensweisen von Effi (Unterrichtseinheit 5) und ihrer Affäre mit dem Major (Unterrichtseinheit 7) erweisen.

1 Syd Field, *Das Handbuch zum Drehbuch. Übungen und Anleitungen zu einem guten Drehbuch*, aus dem Amerik. von Brigitte Kramer, Frankfurt a. M. 1991, S. 48.

Unterrichtsverlauf

Überblick. Diese Unterrichtseinheit hat die Einsicht in den Aufbau des Romans und mit ihr die Festlegung weiterer Unterrichtsgegenstände zum Ziel. Dazu führt sich die Lerngruppe noch einmal die Bedeutung der Heirat mit Innstetten und die Ausgangslage der Ehe vor Augen, um anschließend mithilfe des Schemas von Field den Roman in drei Akte einzuteilen, die durch zwei Plot Points verbunden sind. Außerdem erschließt sie sich darüber den Inhalt der zentralen Konfrontation, in die Effi mit sich selbst, ihrem Mann und der Gesellschaft gerät. Die Inhalte der drei Akte und die beiden zentralen Plot Points bilden dann die Gegenstände der folgenden Unterrichtseinheiten.

Phase	Thema	Sozialform	Kompetenzen und Lernziele	Materialien
Voraussetzungen: Kenntnis des gesamten Romans				
4.1	Präsentation und Besprechung der Hausaufgaben	UG	• Die Lerngruppe vergegenwärtigt sich die Bedeutung der Heirat für Effi und damit die Ausgangslage ihrer Ehe	ARBEITSBLATT 3d ➤ S. 43
4.2	Erarbeitung des Roman-Aufbaus	GA / UG	• Die Lerngruppe erkennt in Effis Wunsch, in ihrer Ehe als sie selbst bejaht zu werden und gleichzeitig fremden Rollenbildern zu entsprechen, den Ursprung einer doppelten Konfrontation, in die sie gerät. • Außerdem erschließt sich die Lerngruppe den Aufbau des Romans über die Bestimmung von Exposition, Konfrontation und Auflösung sowie die Plot Points I und II	ARBEITSBLATT 4 ➤ S. 48
4.3	Vorstellung und Diskussion der Ergebnisse	UG	• Die Lerngruppe gewinnt einen Überblick über den weiteren Verlauf der Unterrichtsreihe	ARBEITSBLATT 4 ➤ S. 48 VORLAGE 4 ➤ S. 47 TAFELBILD 4 ➤ S. 47

4.1 Präsentation und Besprechung der Hausaufgaben

Unterrichtsschritt. Einzelne Hausaufgaben werden präsentiert und besprochen (ARBEITSBLATT 3d). UG

Erläuterungen. Der Lerngruppe soll noch einmal bewusstwerden, dass die Heirat für Effi die Vertreibung aus ihrem Kindheitsparadies mit seiner spielerischen Unbeschwertheit bedeutet (Arbeitsauftrag 1) und dass ihr Hang zum Risiko leidvolle Folgen haben wird (Arbeitsauftrag 2). Denn beides bildet die Ausgangslage der Ehe mit Innstetten, deren Stationen die Lerngruppe sich anschließend ineins mit dem Aufbau des Romans erarbeiten soll.

ARBEITSBLATT 3d ➤ S. 43

4.2 Erarbeitung des Roman-Aufbaus

Unterrichtsschritt. Die Lerngruppe bearbeitet in Gruppenarbeit die Arbeitsaufträge auf dem ARBEITSBLATT 4 ***Der Aufbau des Romans.*** Nach Arbeitsauftrag 1 erfolgt bei Bedarf eine Zwischensicherung im Unterrichtsgespräch. GA / UG

ARBEITSBLATT 4 ➤ S. 48

Erläuterungen zu ARBEITSBLATT 4. *Arbeitsauftrag 1:* Schülerinnen und Schüler bringen heute ganz unterschiedliche Voraussetzungen mit, wenn es um die Kenntnis von Filmen geht, und in der Regel nehmen sie den Aufbau genauso wenig bewusst wahr wie z.B. die Kameraeinstellungen oder die Schnittfrequenz. Es ist daher unbedingt empfehlenswert, im unmittelbaren Anschluss an die Bearbeitung dieses Arbeitsauftrags eine Zwischensicherung vorzunehmen und anhand eines Filmes, den möglichst die gesamte Lerngruppe kennt, zu erläutern, worin in diesem Film Exposition, Konfrontation und Auflösung sowie die Plot Points I und II bestehen. Die Bearbeitung der beiden folgenden Arbeitsaufträge dürfte dann zu deutlich besseren Ergebnissen führen. Findet sich kein Film, den die gesamte Lerngruppe kennt, wird die Zwischensicherung zeitlich etwas umfangreicher, doch die in diesem Fall erforderlichen Vorstellungen verschiedener Filme leisten bereits einen Verständnisbeitrag, weil sie jeweils der Veranschaulichung einzelner Elemente des Schemas dienen.

Arbeitsauftrag 2: Was Effi »erreichen« will, ist eine gelingende Ehe, und das bedeutet in ihrem Fall zweierlei: Zum einen möchte sie von ihrem Mann als die, die sie ist, und das heißt: mit all ihren Charaktereigenschaften und den darin angelegten Bedürfnissen – auch den erotischen und dem nach Zerstreuung – gesehen und bejaht werden. Zum anderen möchte sie dem Rollenbild insbesondere ihrer Mutter und ihres Mannes entsprechen, von dem ihr nicht bewusst ist, dass es zugleich das der Gesellschaft ihrer Zeit ist. Diese beiden Ziele stehen allerdings in einem gespannten, wenn nicht gar gegensätzlichen Verhältnis zueinander, weil eine ganze Reihe von Effis Bedürfnissen nicht zu diesem Rollenbild passt. Die Konfrontation hat insofern zwei Aspekte: Der erste besteht in Effis Bemühen, beide Ziele immer wieder in Einklang zu bringen, also in einer Konfrontation mit sich selbst. Der zweite Aspekt ergibt sich aus Effis wiederholten Versuchen, ihre Bedürfnisse gegenüber ihrem Mann, ihren Eltern und der Gesellschaft zu behaupten, und läuft entsprechend auf eine Konfrontation mit anderen hinaus (s. auch VORLAGE 4 im folgenden Unterrichtsschritt 4.3).

Arbeitsauftrag 3: Die Einteilung des gesamten Romans in nur drei Akte wird der Lerngruppe nicht leichtfallen. Denn sie zwingt u. a. dazu, sich von der gerade für Schülerinnen und Schüler naheliegenden Orientierung an den Orten zu lösen, an denen die Romanhandlung sich vollzieht. Statt die Zeit mit Innstetten in Kessin und Berlin zwei Akten zuzuordnen, müssen sie sie so in einem Akt unterbringen. Auch die Unterscheidung der für die jeweiligen Akte wesentlichen von den unwesentlichen Inhalten ist nicht ganz einfach. Warum nicht die Urlaubsreise nach Rügen mit anschließender Flucht nach Dänemark ausdrücklich als Inhalt des zweiten oder Effis Begegnung mit Annie in den dritten Akt aufnehmen? Behält man aber die Definitionen im Blick, die Field für Exposition, Konfrontation und Auflösung vornimmt, dann kommt man tatsächlich gut mit drei Akten aus. Denn sowohl in Kessin wie in Berlin muss Effi »Hindernis um Hindernis« bei ihrem Bemühen um eine gelingende Ehe überwinden, so dass es für die Ansetzung eines eigenen Aktes für die Berliner Zeit keinen Anlass gibt. Und der Blick auf die Definitionen hilft auch bei der Unterscheidung der wesentlichen von den unwesentlichen Inhalten der Akte: So ist die Urlaubsreise nach Rügen und Dänemark nur eines von vielen Beispielen für das große Hindernis, das Innstetten und das Eheleben mit ihm verkörpern. Sie bedarf von daher so wenig einer eigenen Erwähnung wie Effis Zusammenkunft mit ihrer Tochter, die nur noch einmal im Detail veranschaulicht, was die Scheidung insgesamt zeigt: dass Fields Frage, »hat sie Erfolg?«, für Effi verneint werden muss. Zuletzt sind auch die Plot Points I und II alternativlos, wenn man Fields Bestimmung streng auslegt, wonach diese die Handlung »in eine neue Richtung lenk[en]«. Denn was würde der Ehe mit Innstetten die schwierige Richtung geben und zuletzt in die Affäre mit Crampas münden, wenn nicht der Chinese(n-Spuk), dessen erotische Bedeutung die Lerngruppe zu diesem Zeitpunkt zwar noch nicht erkannt hat, der aber immer wieder Stein des Anstoßes ist und nicht zuletzt auch dazu führt, dass Effi sich Crampas öffnet? Dass die Entdeckung der Briefe die Ehe von Effi und Crampas in Richtung der Scheidung lenkt, dürfte offensichtlich sein.

4.3 Vorstellung und Diskussion der Ergebnisse

UG

ARBEITSBLATT 4
➤ S. 48
VORLAGE 4
➤ S. 47
TAFELBILD 4
➤ S. 47

Unterrichtsschritt. Die Ergebnisse der Gruppenarbeit zu ARBEITSBLATT 4 werden vorgestellt, diskutiert und – im Fall des Arbeitsauftrags 2 in Gestalt der VORLAGE 4 ***Die Konfrontation*** – bzw. im TAFELBILD 4 an der Tafel oder in einem entsprechenden digitalen Medium gesichert

Abschließend weist die Lehrkraft darauf hin, dass die beiden Plot Points und der zweite und dritte Akt Gegenstand der folgenden Unterrichtseinheiten 5 und 6 sein werden, nachdem der erste Akt bereits untersucht wurde.

Erläuterungen. Falls die Ergebnisse aus dem Arbeitsauftrag 1 nicht bereits in einer Zwischensicherung festgehalten wurden, erfolgt das hier.

Die genaue Bestimmung von Effis Zielen und der Konfrontation im Sinne des Arbeitsauftrags 2 wird eine Ausschärfung der Ergebnisse der Lerngruppe im Unterrichtsgespräch im Sinne der Erläuterungen zum Arbeitsauftrag 2 (s. Unterrichtsschritt 4.2) erfordern.

Auch die Auswertung des Arbeitsauftrags 3 dürfte angesichts der in der Erläuterung (s. Unterrichtsschritt 4.2) erwähnten Schwierigkeiten zu einem intensiven Unterrichtsgespräch und kontroversen Diskussionen führen. Die Lehrkraft wird z. B. eine Reihe von alternativen Inhaltsvorschlägen für die drei Akte an den Definitionen von Field messen und ggf. zurückweisen müssen. Sie sollte dabei allerdings offen sein für plausible Alternativen oder Ergänzungen zu dem in der obigen Erläuterung Vorgeschlagenen.

VORLAGE 4

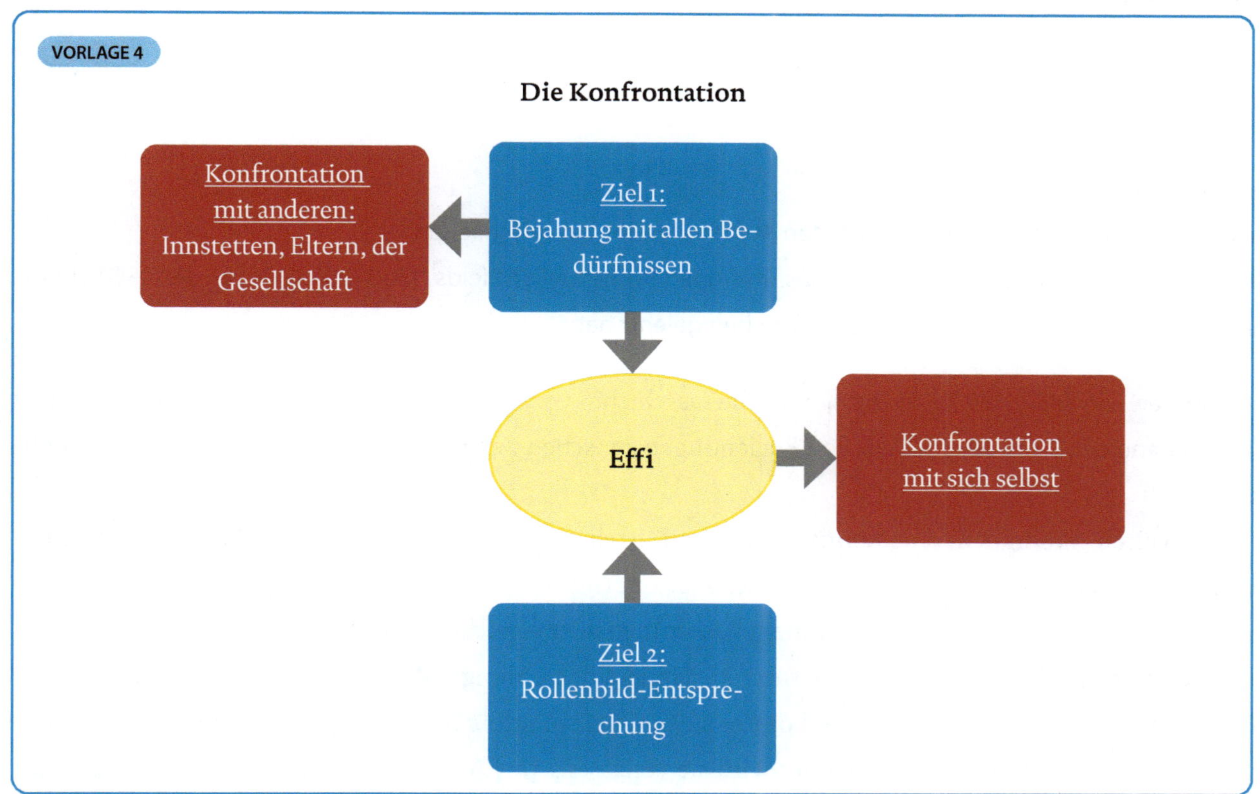

TAFELBILD 4

Die Romanstruktur

Erster Akt (Anfang): Exposition	Plot Point I	Zweiter Akt (Mitte): Konfrontation	Plot Point II	Dritter Akt (Ende): Auflösung
Kap. 1–7	Kap. 8–10	Kap. 11–25	Kap. 26–27	Kap. 28–36
Verlobung und Heirat mit Innstetten, Hochzeitsreise, Umzug von Hohen-Cremmen nach Kessin	Der Chinese(n-Spuk)	Die Schwierigkeiten des Ehelebens mit Innstetten in Kessin und die Affäre mit Crampas	Die Entdeckung der Briefe von Crampas	Duell, Scheidung, Rückkehr nach Hohen-Cremmen und Tod Effis

ARBEITSBLATT 4

Der Aufbau des Romans

Arbeitsaufträge

In dieser Unterrichtseinheit sollen Sie sich den Aufbau des Romans erschließen.

1. Lesen Sie dafür zunächst die folgenden Ausführungen Sydney Alvan Fields (1935–2013), der an der USC School of Cinematic Arts in Los Angeles Drehbuchschreiben gelehrt hat:

> »Im ersten Akt [oder der *Exposition*] wird die Geschichte vorbereitet. Hier wird festgelegt, wer oder was Gegenstand der Story ist, hier werden Beziehungen zwischen den Figuren und ihre jeweiligen Ziele definiert.«
>
> Im zweiten Akt, in dem eine *Konfrontation* im Mittelpunkt steht, »muss die Hauptfigur Hindernis um Hindernis überwinden, um ihr dramatisches Ziel zu erreichen. Dieses [...] Ziel ist [...] das, was der Protagonist im Laufe der Geschichte gewinnen, bekommen oder erreichen möchte.«
>
> Im dritten Akt kommt es zur *Auflösung* im Sinne einer Lösung: »Was passiert am Ende Ihrer Story? Bleibt Ihre Hauptfigur am Leben oder kommt sie um, hat sie Erfolg oder versagt sie, gewinnt sie das Rennen oder verliert sie es, heiratet sie oder wird sie verlassen? [...] Aber wie kommen wir vom Anfang zur Mitte, vom ersten zum zweiten Akt und von dort weiter zum Ende, zum dritten Akt? Durch Plot Points, die wir jeweils am Ende des ersten und am Ende des zweiten Aktes setzen. Ein Plot Point ist ein Ereignis, das sich in die Handlung ›einhakt‹ und sie in eine neue Richtung lenkt, in diesem Fall vom ersten in den zweiten, beziehungsweise vom zweiten in den dritten Akt. Ein Film enthält üblicherweise viele Plot Points, aber die beiden, welche die Storyline [die Skizze des Handlungsablaufs] verankern, heißen Plot Point I und Plot Point II.«

Syd Field: Das Handbuch zum Drehbuch. Übungen und Anleitungen zu einem guten Drehbuch. Aus dem Amerik. von Brigitte Kramer. Frankfurt a. M.: Zweitausendeins, 1991. S. 48.

2. Halten Sie in einem kurzen Fließtext fest,
   - was genau Effi »gewinnen, bekommen oder erreichen möchte« und
   - worin in ihrem Fall die Konfrontation bestehen könnte.
3. Bestimmen Sie die wesentlichen Inhalte der Akte und die Plot Points I und II und füllen Sie die nachfolgende Tabelle aus.

Erster Akt (Anfang): Exposition	Plot Point I	Zweiter Akt (Mitte): Konfrontation	Plot Point II	Dritter Akt (Ende): Auflösung

2023 Reclam Verlag / Joachim Hagner

5 »Es war was anderes … mein Gewissen … Effi, du bist verloren.« (190,11 f.) Die Bedeutung des Chinesen(-Spuks) und seine Funktion erschließen

Sachanalyse

Ganz im Einklang mit der Bestimmung des Chinesen(-Spuks) als Plot Point 1 hatte auch schon Fontane diese Episode als »Drehpunkt« des Romans bezeichnet. In einem Brief an den schweizerischen Schriftsteller Josef Viktor Widmann vom 19. November 1895 schreibt er: »Sie sind der Erste, der auf das Spukhaus und den Chinesen hinweist; ich begreife nicht wie man daran vorbeisehen kann, denn erstlich ist dieser Spuk, so bilde ich mir wenigstens ein, an und für sich interessant und zweitens, wie Sie hervorgehoben haben, steht die Sache nicht zum Spaß da, sondern ist ein Drehpunkt für die ganze Geschichte.« (WSB IV.4: S. 506)

Was genau den Chinesen(-Spuk) aber »an und für sich interessant« macht oder wofür er steht, darüber gibt es in der Fontane-Forschung die vielfältigsten Auffassungen, und die faktischen Unklarheiten und Widersprüche in dessen Geschichte machen die Sache nicht einfacher: So bleibt das Verwandtschaftsverhältnis zwischen Kapitän Thomsen, dessen Diener und späterer Freund der Chinese war, und Nina – Nichte oder Enkelin? – genauso offen wie das Alter des Chinesen. Das Gleiche gilt für die Frage, ob die beiden ein Verhältnis hatten, oder woran der Chinese nach Ninas – ebenfalls ungeklärtem – Verschwinden gestorben ist: Liebeskummer oder Selbstmord? Selbst zur Art des Bäumchens auf dem Grab des Chinesen, das einmal als »Kiefer« (92,17) und einmal als »Tanne« (149,23) bezeichnet wird, gibt es widersprüchliche Aussagen. Statt solche faktischen Unklarheiten aber zum Anlass für Spekulationen über erzählerische Nachlässigkeiten zu nehmen, sollen sie hier als Indiz für die symbolische Bedeutung des Chinese(n-Spuks) angesehen werden. Denn die faktischen Unklarheiten, die Fontane leicht hätte beseitigen können, legen den Schluss nahe, dass es hier auf die Fakten nicht in erster Linie ankommt, und dann entspricht deren Unklarheit dem Diffusen der erotischen Bedürfnisse Effis, die der Chinesen(-Spuk) nach der hier vorgeschlagenen Deutung symbolisiert: Ein erster Anhaltspunkt für diese Deutung ergibt sich dabei gleich aus der ersten Erwähnung des Chinesen, wenn Innstetten die Lage von dessen Grab beschreibt: »[E]s liegt zwischen den Dünen, bloß Strandhafer drum rum« (49,8 f.). Würde man sich vorstellen, wie man dieser Beschreibung gemäß auf das Grab blickt, und eine entsprechende Zeichnung anfertigen, die ausschließlich die erwähnten Details enthält, dann könnte sich das Bild eines weiblichen Geschlechts ergeben. Dass dieses Bild aber mit ziemlicher Wahrscheinlichkeit beabsichtigt ist, wird daran deutlich, dass von der Lage zwischen Dünen, die die Assoziation des weiblichen Geschlechts überhaupt erst auslöst, an keiner anderen Stelle mehr die Rede ist.

Später wird das entsprechende Bild dann um ein Symbol für das männliche Geschlecht ergänzt, wenn jetzt plötzlich – nur einen Monat nach Innstettens Beschreibung des Grabes – von einer darin gänzlich unerwähnt gebliebenen »Kiefer« (92,17) die Rede ist, »die mitten daraus hervorragte« (92,17 f.). Von Dünen wird hier so wenig mehr gesprochen wie aus Innstettens Beschreibung zu entnehmen war, dass das Grab gleich »[a]n der anderen Seite [ein]es Wegs« (92,15) liegt – was einen ganz anderen Eindruck von seiner Lage macht als die frühere Beschreibung. Woher kommt jedoch die Kiefer, die innerhalb eines Monats kaum im Grab gewachsen sein kann? Und liegt das Grab nun zwischen den Dünen oder direkt neben einem Weg? Auch hier gibt es also faktische Unklarheiten, die so offensichtlich sind wie sie leicht vermeidbar gewesen wären, und das unterstreicht noch einmal die symbolische Bedeutung der Beschreibungen. Durch die Kiefer als Phallus-Symbol und das Grab, das für das weibliche Geschlecht steht, ist dann aber auch die geschlechtliche Vereinigung verkörpert, denn hervorragen tut die Kiefer aus dem Grab ja nur für das Auge, während sie tatsächlich so in das Grab hineinwächst wie ein Phallus in den Schoß eindringt.

Einen weiteren Anhaltspunkt für die erotische Bedeutung des Chinesen(-Spuks) und eine noch genauere Bestimmung dieser Bedeutung liefert dann die Entgegnung der Trippelli auf Effis Feststellung, dass ihr gespenstische Träume oder die Einbildung, dass jemand an ihrem Bett vorbeigeschlichen ist – und das verweist ja schon von seiner wörtlichen Bedeutung her auf Annäherungsversuche –, noch lange nachgehen. Denn zunächst macht die Sängerin deutlich, dass sie in dem, was Effi als Einbildung bezeichnet hatte, etwas zumindest potenziell Wirkliches sieht: »Ja, meine gnädigste Frau, was Sie da schildern und beschreiben, das ist auch etwas anderes, das ist ja wirklich oder kann wenigstens etwas Wirkliches sein. Ein Gespenst, das durch die Ballade geht, da graule ich mich gar nicht, aber ein Gespenst, das durch meine Stube geht, ist mir, geradeso wie andern, sehr unangenehm. Darin empfinden wir also ganz gleich.«

(103,33–104,4) Und auf Effis Frage hin, ob sie etwas Derartiges auch schon einmal erlebt habe, antwortet sie: »Gewiss. Und noch dazu bei Kotschukoff. Und ich habe mir auch ausbedungen, dass ich diesmal anders schlafe, vielleicht mit der englischen Gouvernante zusammen. Das ist nämlich eine Quäkerin, und da ist man sicher.« (104,6–9) Wovor man aber – zumal im Bett – sicher ist, wenn eine andere Frau, und zwar eine der Sittsamkeit verpflichtete wie eine Quäkerin, sich neben oder mit einem im Zimmer befindet, das liegt auf der Hand: Es ist die – außereheliche – Befriedigung der erotischen Bedürfnisse durch einen Mann, für den in der Antwort der Trippelli ihr fürstlicher Gönner Kotschukoff steht, dem sie möglicherweise für seine Unterstützung gefällig sein musste. Effi fragt daraufhin: »Und sie halten dergleichen für möglich?« (104,10), wobei zunächst offenbleibt, ob sie sich mit »dergleichen« auf das Gespenst zurückbezieht, über das die beiden zuvor gesprochen hatten (103,25–104,3), oder das meint, wovor die Sängerin sich durch eine andere Frau schützen will. Doch ihre Antwort zeigt ganz deutlich, dass sie verstanden hat, dass Effi hier von einer potenziellen erotischen Bedürfnisbefriedigung spricht: »Meine gnädigste Frau, wenn man so alt ist wie ich und viel rumgestoßen wurde und in Russland war und sogar auch ein halbes Jahr in Rumänien, da hält man alles für möglich. Es gibt so viel schlechte Menschen, und das andere findet sich dann auch, das gehört dann sozusagen mit dazu.« (104,11–16) Was hätten »schlechte Menschen« und »das andere«, das mit dieser Schlechtigkeit zusammengehört, mit Gespenstern zu tun? Dass »schlechte« Männer Frauen dagegen nachstellen, um mit ihnen »das andere« zu tun, das ergibt unmittelbar Sinn. Effi ist denn auch ganz Aufmerksamkeit (104,17), und obwohl die Trippelli dann zunächst von etwas anderem zu sprechen scheint, wenn sie Effi von der Haltung ihres Vaters zu den Psychographen erzählt, bleibt das Erotische doch gegenwärtig. Denn es war der Vater der Sängerin, der über den Chinesen gesagt hatte, man hätte ihn auch auf dem Kirchhof beisetzen können, und mit dem Chinesen(-Spuk) sind auch die erotischen Bedürfnisse und die Möglichkeit ihrer Befriedigung wieder gegenwärtig – unübersehbar in den abschließenden Worten der Trippelli, man sei »links und rechts umlauert, hinten und vorn. Sie werden das noch kennenlernen« (104,23 f.).

Nicht zuletzt liefern die Parallelen zwischen der Geschichte des Chinesen in Innstettens Version (94,19–95,7) und der von Effi und Crampas ein weiteres Argument für die Deutung des Chinesen(-Spuks) als Symbol für Effis erotische Bedürfnisse. Denn wie Thomsens Nichte oder Enkelin verschwunden ist, nachdem sie mit dem Chinesen getanzt hat, der kurz darauf starb, »verschwindet« auch Effi nach Berlin, und Crampas wird später im Duell getötet. Und wenn der Major sich auf den Ausritten Effi anzunähern versucht, wird wieder der »Strandhafer« (155,15) erwähnt, der das Grab des Chinesen umsteht.

Nimmt man den Chinesen(-Spuk) aber als Symbol für die erotischen Bedürfnisse, derer Effi sich nach und nach bewusst wird, dann bekommen auch andere Ereignisse und Feststellungen Sinn, die sonst unverständlich oder überflüssig erscheinen müssten: Effis Spuk-Angst etwa, die sich durch eine Furcht vor dem Exotischen nicht erklären lässt, weil sie das Exotische ausgesprochen schätzt (55,3–6; 60,13–34; 62,29–63,12), wäre dann ihre Angst, der erotischen Versuchung zu erliegen – eine Angst, die sich – vielleicht aufgrund eines diffusen Bewusstseins ihrer erotischen Bedürfnisse – einstellt, bevor die Versuchung in Gestalt von Crampas konkret wird. Und Effis Bitte an Innstetten, sie nicht mehr alleinzulassen (86,9 f.), hätte denselben Grund. Dass Effi später aber, um ein weiteres Beispiel zu nennen, ruhiger auf das Chinesen-Grab blicken kann (127,6 f.), weil sie gerade Roswitha als Kinderfrau angeworben hat, erscheint vor dem Hintergrund der symbolischen Deutung des Chinesen(-Spuks) plausibel, weil mit der Kinderfrau und dem Kind, um das diese sich kümmern soll, die gesellschaftlich geduldete Facette des Erotischen, die eheliche Vereinigung und das Kinderkriegen in Effis Bewusstsein die erotische Versuchung verdrängt.

Geht man also davon aus, dass der Chinese(n-Spuk) die erotischen Bedürfnisse Effis symbolisiert, wird Fontanes Behauptung verständlich, dass er »an und für sich interessant« sei. Warum er dagegen »ein Drehpunkt für die ganze Geschichte« sein soll, wird erst deutlich, wenn man sich vergegenwärtigt, dass es letztlich Innstettens erzieherische Nutzung von Effis Spuk-Angst, sein »Angstapparat aus Kalkül« (150,7) ist, der sie in Crampas' Arme treibt: Denn indem der Major, durch den Effis erotische Versuchung konkrete Gestalt annimmt, Effi für diesen »Angstapparat« die Augen öffnet, zieht er sie auf seine Seite, auf die Effi sich sonst vielleicht nicht begeben hätte, und dreht die Handlung in die neue Richtung auf den Ehebruch.

Unterrichtsverlauf

Überblick. Ziel dieser Unterrichtseinheit ist die Bestimmung von Bedeutung und Funktion des Chinesen (-Spuks): Zunächst wird die Lerngruppe mithilfe eines Briefes von Fontane auf dessen inhaltliche und strukturelle Wichtigkeit aufmerksam gemacht. Mithilfe einer vorgegebenen Deutung, deren Plausibilität sie diskutiert, erschließt sich die Lerngruppe dann deduktiv die Bedeutung einzelner Textpassagen und kommt darüber zu einer begründeten Einschätzung von Bedeutung und Funktion des Chinesen(-Spuks).

Phase	Thena	Sozialform	Kompetenzen und Lernziele	Materialien
Voraussetzungen: Kenntnis des Romans				
5.1	Erschließung einer Deutung des Chinesen(-Spuks)	EA	• Die Lerngruppe kann die Deutung des Chinesen(-Spuks) als Symbol für den Bereich des Erotischen und Effis erotische Bedürfnisse nachvollziehen	ARBEITSBLATT 5 ➤ S. 53–55
5.2	Präsentation und Besprechung der Resultate	UG	• Die Lerngruppe kann die Plausibilität dieser Deutung beurteilen	ARBEITSBLATT 5 ➤ S. 53–55
5.3	Erschließung einzelner Textpassagen und Zusammenhänge mithilfe der Deutung des Chinesen(-Spuks)	PA	• Die Lerngruppe kann einzelne Textpassagen und Zusammenhänge mithilfe dieser Deutung auslegen	ARBEITSBLATT 5 ➤ S. 53–55
5.4	Vorstellung und Diskussion der Ergebnisse der Arbeitsaufträge	UG	• Die Lerngruppe kann begründend Bedeutung und Funktion des Chinesen(-Spuks) einschätzen	ARBEITSBLATT 5 ➤ S. 53–55

5.1 Erschließung einer Deutung des Chinesen(-Spuks)

Unterrichtsschritt. Die Lerngruppe bearbeitet in Einzelarbeit den Arbeitsauftrag 1 auf dem ARBEISTSBLATT 5 *Der Chinese(n-Spuk)*. EA

ARBEITSBLATT 5 ➤ S. 53–55 Lösungshinweise ➤ S. 117 f.

Erläuterungen. Bislang hat die Lerngruppe sich ihre Einsichten induktiv erarbeitet. Die Bedeutung des Chinesen(-Spuks) und seine »Drehpunkt«-Funktion erschließt sie sich dagegen deduktiv: Der Lerngruppe wird dazu eine Interpretation des Chinesen(-Spuks) vorgelegt, die sie prüfend nachvollzieht.

5.2 Präsentation und Besprechung der Resultate

Unterrichtsschritt. Die Lerngruppe tauscht sich über ihr Verständnis des Textes zu Arbeitsauftrag 1 auf ARBEITSBLATT 5 und dessen Plausibilität aus. UG

ARBEITSBLATT 5 ➤ S. 53–55

Erläuterungen. Die Deutung des Chinesen(-Spuks) als Symbol für den Bereich des Erotischen oder Effis erotische Bedürfnisse wird die Lerngruppe zunächst überraschen, und da sie die Beschreibung der Lage des Grabes zum Ausgangspunkt nimmt, werden sich hierauf die meisten Zweifel an der Plausibilität beziehen: Wo findet sich in der Zeichnung das Gitter (49,6), das Innstetten ja ebenfalls erwähnt? Wie passt es ins Bild? Wie kann das Grab einerseits »dicht neben dem Kirchhof« (49,6 f.) und gleichzeitig »zwischen den Dünen« (49,8 f.) liegen? Diese und noch andere Fragen müssen im Unterrichtsgespräch geklärt werden, damit die Lerngruppe sich die Deutung zu eigen machen und sie im anschließenden Unterrichtsschritt sicher verwenden kann. Das Trippelli-Gespräch dürfte dann deutlich weniger Zweifel wecken.

PA

ARBEITSBLATT 5

➤ S. 53–55
Lösungshinweise
➤ S. 117 f.

5.3 Erschließung einzelner Textpassagen und Zusammenhänge mithilfe der Deutung des Chinesen(-Spuks)

Unterrichtsschritt. Die Lerngruppe bearbeitet in Partnerarbeit die Arbeitsaufträge 2–7 auf dem ARBEITSBLATT 5.

Erläuterungen. Arbeitsauftrag 2 fordert nicht nur zur Anwendung der durch die Lektüre gewonnenen Einsichten auf, sondern erfordert auch einen Rückbezug auf bestimmte Charaktereigenschaften Effis und namentlich ihre erotische Sensibilität, die zuvor erarbeitet worden ist.

UG

ARBEITSBLATT 5

➤ S. 53–55

5.4 Vorstellung und Diskussion der Ergebnisse der Arbeitsaufträge

Unterrichtsschritt. Die Resultate der Partnerarbeit zu ARBEITSBLATT 5 werden präsentiert, besprochen und dann an der Tafel oder in einem entsprechenden digitalen Medium gesichert (s. Lösungshinweise).

Der Chinese(n-Spuk)

Arbeitsaufträge

Am 19. November 1895 schreibt Fontane an den schweizerischen Schriftsteller Josef Viktor Widmann:

> »Sie sind der Erste, der auf das Spukhaus und den Chinesen hinweist; ich begreife nicht wie man daran vorbeisehen kann, denn erstlich ist dieser Spuk, so bilde ich mir wenigstens ein, an und für sich interessant und zweitens, wie Sie hervorgehoben haben, steht die Sache nicht zum Spaß da, sondern ist ein Drehpunkt für die ganze Geschichte.«

Offen bleibt in dem Brief, was genau den Chinesen(-Spuk) in Fontanes Augen »an und für sich interessant« und was ihn zu einem »Drehpunkt für die ganze Geschichte« macht.

Diese beiden Fragen zu klären, wird Gegenstand dieser Unterrichtseinheit sein.

1. Lesen Sie dazu zunächst die folgende Deutung des Chinesen(-Spuks). Notieren Sie sich, was Ihnen nicht plausibel erscheint.

> Im Zusammenhang der ersten Erwähnung des Chinesen im Roman beschreibt Innstetten die Lage von dessen Grab: »[E]s liegt zwischen den Dünen, bloß Strandhafer drum rum« (49,8 f.). Würde man sich vorstellen, wie man dieser Beschreibung gemäß auf das Grab blickt und eine entsprechende Zeichnung anfertigen, die ausschließlich die erwähnten Details enthält, dann könnte sich das Bild eines weiblichen Geschlechts ergeben. 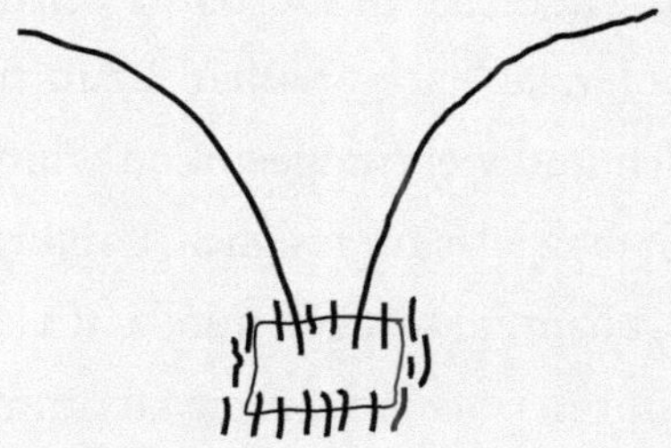
>
> Dass dieses Bild beabsichtigt ist, wird daran deutlich, dass von den Dünen, die den größten Beitrag zur Entstehung dieses Bildes leisten, an keiner anderen Stelle mehr die Rede ist.
>
> Etwas später wird das Bild des weiblichen Geschlechts dann um ein Symbol für das männliche ergänzt, wenn jetzt plötzlich – nur einen Monat nach Innstettens Beschreibung des Grabes – von einer darin zuvor gänzlich unerwähnt gebliebenen »Kiefer« (92,17) die Rede ist, »die mitten daraus hervorragte« (92,17 f.). Von Dünen wird hier so wenig mehr gesprochen wie aus Innstettens Beschreibung zu entnehmen war, dass das Grab gleich »[a]n der anderen Seite [ein]es Wegs« (92,15) liegt – was einen ganz anderen Eindruck von seiner Lage macht als die frühere Beschreibung. Woher kommt aber die Kiefer, die innerhalb eines Monats kaum im Grab gewachsen sein kann? Und liegt das Grab nun zwischen den Dünen oder direkt neben einem Weg? Hier gibt es faktische Unklarheiten, die so offensichtlich sind wie sie leicht vermeidbar gewesen wären, und das unterstreicht, dass es bei den beiden Beschreibungen nicht auf die Fakten ankommt.
>
> Mit der Erwähnung der den Phallus symbolisierenden Kiefer, die aus dem Grab hervorragt, das für das weibliche Geschlecht steht, ist dann jedoch auch die geschlechtliche Vereinigung verkörpert, denn hervorragen tut die Kiefer aus dem Grab ja nur für das Auge, während sie tatsächlich so in das Grab hineinwächst wie ein Phallus in den Schoß eindringt.

Das Grab des Chinesen symbolisiert also offensichtlich den Bereich des Erotischen, und einen weiteren Anhaltspunkt dafür liefert das Gespräch zwischen Effi und der Trippelli im Anschluss an deren Gesangsvortrag bei Gieshübler (103,4–104,28): Darin gesteht Effi der Sängerin, dass ihr gespenstische Träume oder Einbildungen wie die, dass jemand an ihrem Bett vorbeigeschlichen ist, noch lange nachgehen. Doch statt sie zu beruhigen, macht die Trippelli deutlich, dass sie in dem, was Effi als Einbildung bezeichnet hatte, etwas zumindest potenziell Wirkliches sieht: »Ja, meine gnädigste Frau, was Sie da schildern und beschreiben, das ist auch etwas anderes, das ist ja wirklich oder kann wenigstens etwas Wirkliches sein. Ein Gespenst, das durch die Ballade geht, da graule ich mich gar nicht, aber ein Gespenst, das durch meine Stube geht, ist mir, geradeso wie andern, sehr unangenehm. Darin empfinden wir also ganz gleich.« (103,33–104,4) Und auf Effis Frage hin, ob sie etwas Derartiges auch schon einmal erlebt habe, antwortet sie: »Gewiss. Und noch dazu bei Kotschukoff. Und ich habe mir auch ausbedungen, dass ich diesmal anders schlafe, vielleicht mit der englischen Gouvernante zusammen. Das ist nämlich eine Quäkerin, und da ist man sicher.« (104,6–9) Wovor man jedoch – zumal im Bett – sicher ist, wenn eine andere Frau, und zwar eine der Sittsamkeit verpflichtete wie eine Quäkerin sich neben oder mit einem im Zimmer befindet, das liegt auf der Hand: Es ist die – außereheliche – Befriedigung der erotischen Bedürfnisse durch einen Mann, für den in der Antwort der Sängerin ihr fürstlicher Gönner Kotschukoff steht, dem sie möglicherweise für seine Unterstützung gefällig sein musste. Effi fragt daraufhin: »Und sie halten dergleichen für möglich?« (104,10), wobei zunächst offen bleibt, ob sie sich mit »dergleichen« auf das Gespenst zurückbezieht, über das die beiden zuvor gesprochen hatten (103,25–104,3), oder das meint, wovor die Trippelli sich durch eine andere Frau schützen will. Doch ihre Antwort zeigt ganz deutlich, dass sie verstanden hat, dass Effi hier von einer potenziellen erotischen Bedürfnisbefriedigung spricht: »Meine gnädigste Frau, wenn man so alt ist wie ich und viel rumgestoßen wurde und in Russland war und sogar auch ein halbes Jahr in Rumänien, da hält man alles für möglich. Es gibt so viel schlechte Menschen, und das andere findet sich dann auch, das gehört dann sozusagen mit dazu.« (104,11–16) Was aber haben »schlechte Menschen« und »das andere«, das mit der Schlechtigkeit zusammengehört, mit Gespenstern zu tun? Dass »schlechte« Männer Frauen dagegen nachstellen, um mit ihnen »das andere« zu tun, das ergibt unmittelbar Sinn. Effi ist denn auch ganz Aufmerksamkeit (104,17), und obwohl die Sängerin dann zunächst von etwas anderem zu sprechen scheint, wenn sie Effi von der Haltung ihres Vaters zu den Psychographen erzählt, bleibt das Erotische doch gegenwärtig. Denn es war der Vater der Sängerin, der über den Chinesen gesagt hatte, man hätte ihn auch auf dem Kirchhof beisetzen können, und mit dem Chinesen(-Spuk) sind auch die erotischen Bedürfnisse und die Möglichkeit ihrer Befriedigung wieder gegenwärtig – unübersehbar in den abschließenden Worten der Trippelli, man sei »links und rechts umlauert, hinten und vorn. Sie werden das noch kennenlernen« (104,23 f.).

Nicht zuletzt liefern dann die Parallelen zwischen der Geschichte des Chinesen in Innstettens Version (94,19–95,7) und der von Effi und Crampas ein weiteres Argument für die Deutung des Chinesen(-Spuks) als Symbol für Effis erotische Bedürfnisse. Denn wie Thomsens Nichte oder Enkelin verschwunden ist, nachdem sie mit dem Chinesen getanzt hat, der kurz darauf starb, »verschwindet« auch Effi nach Berlin, und Crampas wird später im Duell getötet. Und wenn der Major sich auf den Ausritten Effi anzunähern versucht, wird wieder der »Strandhafer« (155,15) erwähnt, der das Grab des Chinesen umsteht.

2. Deuten Sie auf dieser Grundlage die unten aufgeführten Ereignisse. Berücksichtigen Sie dabei auch die Charaktereigenschaften Effis, die in Ihren Augen dabei relevant sind.

Ereignis	Deutung
Effi hat Angst vor dem Chinesen(-Spuk) (z. B. 81,21–84,21)	
Effi bittet Innstetten, sie nicht mehr alleinzulassen (86,8–10)	
Effi schreibt ihrer Mutter aus der Monotonie des Kessiner Januars und Februars heraus, dass sie sich mitunter fast wünscht, dass der Spuk »doch nur wiederkäme, nur nicht zu arg und nicht zu nah« (115,29 f.), nachdem unmittelbar zuvor von Innstettens »etwas müden Zärtlichkeiten« (115,9) berichtet wurde.	
Beim gemeinsamen Betreten der neuen Berliner Wohnung sagt Effi: »Nein, Geert, damit [mit dem Spuk] ist es nun vorbei. Nun bricht eine andere Zeit an, und ich fürchte mich nicht mehr und will auch besser sein als früher und dir mehr zu Willen leben.« (228,5–7)	

3. Legen Sie dar, welche Haltung Innstetten zu dem Spuk einnimmt (87,16–89,8).

4. Fassen Sie kurz die Deutung zusammen, die Crampas Innstettens Haltung gibt (146,3–149,17).

5. Beurteilen Sie die Berechtigung von Crampas' Deutung (111,24–112,12; 165,7–18; 193,1–20; 228,2–4).

6. Beschreiben Sie deren Wirkung auf Effi (149,25–150,25; 164,27–165,18; 166,4–12).

7. Erklären Sie, was den Chinesen(-Spuk) »an und für sich interessant« und was ihn zu einem »Drehpunkt für die ganze Geschichte« macht.

 2023 Reclam Verlag / Joachim Hagner

6 »Ich dachte, du hättest hier glückliche Tage verlebt.« (204,26 f.) Effis Einsamkeit und die Schwierigkeiten ihres Kessiner Ehelebens verstehen

Sachanalyse

Eine Grundlage für das Verständnis der Schwierigkeiten, die sich in der Ehe von Effi und Innstetten auftun, hat bereits die Feststellung der gegensätzlichen Charaktereigenschaften der beiden in der zweiten Unterrichtseinheit geschaffen.

Vergrößert werden die in dieser Gegensätzlichkeit angelegten Schwierigkeiten durch die in der dritten Unterrichtseinheit erarbeiteten Rollenleitbilder des wilhelminischen Kaiserreichs und die ihnen zugrunde liegenden christlichen Rollenleitbilder, weil sie für Effi auf die Notwendigkeit hinauslaufen, ihre charakterlichen Bedürfnisse zugunsten eines Mannes zu unterdrücken, der ihr dafür außer ihrer Versorgung und einer gesellschaftlichen Stellung nur wenig zurückgibt – und das nach den zeitgenössischen Rollenleitbildern auch gar nicht muss.

Eine weitere Zuspitzung erfahren die Schwierigkeiten aber dadurch, dass Effi nicht nur ihre charakterlichen Bedürfnisse hat, sondern gleichzeitig aus eigenem Antrieb dem Rollenleitbild der Gesellschaft entsprechen möchte, das ihr zuerst in Gestalt ihrer Mutter begegnet. Daraus ergibt sich die doppelte Konfrontation, die in der vierten Unterrichtseinheit erschlossen wurde: Weil die charakterlichen Bedürfnisse, die Effi durch ihren Mann bejaht sehen möchte, ihrem Bemühen, dem gesellschaftlichen Rollenleitbild zu genügen, im Weg stehen, gerät Effi in eine Konfrontation mit sich selbst und mit anderen: mit ihrem Mann, ihren Eltern und der Gesellschaft.

In dieser doppelten Konfrontation ist sie ganz auf sich gestellt, weil sie bei den drei Menschen in ihrem Umfeld, die ihr in dieser Situation überhaupt helfen könnten, nicht mit Unterstützung rechnen kann: Ihre Mutter und Innstetten können für ihre Bedürfnisse kein Verständnis aufbringen, weil sie die gesellschaftlichen Rollenleitbilder und Konventionen zu sehr internalisiert haben oder charakterlich zu verschieden sind. Ihr Vater versteht sie zwar, ist aber zu konfliktscheu, um sie unterstützen, und so bleibt ihr am Ende nur Crampas.

Die Affäre mit dem Major verschärft allerdings noch Effis Konfrontation mit sich selbst. Denn was sie dem Major zuletzt in die Arme treibt, ist ihr Bedürfnis nach Bejahung: Darin kann sie selbst zwar eigentlich nichts Falsches sehen, aber ihr Bedürfnis, dem gesellschaftlichen Rollenleitbild zu entsprechen, bringt sie am Ende doch dahin, sich eine Schuld einzureden und den Chinesen(-Spuk) mit ihrem schlechten Gewissen gleichzusetzen (190,11 f.). Dass sie an dieser Schuld – wider besseres Wissen – bis zuletzt festhält, zeigt das psychologisch hellsichtige Selbstgespräch, das Fontane sie am Vorabend ihres dritten Hochzeitstags in Hohen-Cremmen halten lässt:

> »›Und habe die Schuld auf meiner Seele‹, wiederholte sie. ›Ja, da h a b ich sie. Aber l a s t e t sie auch auf meiner Seele? Nein. Und das ist es, warum ich vor mir selbst erschrecke. […] Ja, Angst quält mich und dazu Scham über mein Lügenspiel. Aber Scham über meine Schuld, die hab ich n i c h t oder doch nicht so recht oder doch nicht genug, und das bringt mich um, dass ich sie nicht habe. Wenn alle Weiber so sind, dann ist es schrecklich, und wenn sie nicht so sind, wie ich hoffe, dann steht es schlecht um mich, dann ist etwas nicht in Ordnung in meiner Seele, dann fehlt mir das richtige Gefühl. Und das hat mir der alte Niemeyer in seinen guten Tagen noch, als ich noch ein halbes Kind war, mal gesagt: auf ein richtiges Gefühl, darauf käme es an, und wenn man das habe, dann könne einem das Schlimmste nicht passieren, und wenn man es nicht habe, dann sei man in einer ewigen Gefahr, und das, was man den Teufel nenne, das habe dann eine sichere Macht über uns. Um Gottes Barmherzigkeit willen, steht es so mit mir.‹« (245,26–246,19)

Unübersehbar wird in diesem beeindruckenden Selbstgespräch immer wieder das klare Bewusstsein von der eigenen Unschuld von den gesellschaftlichen und religiösen Vorstellungen getrübt, denen Effi trotz ihrer geistigen Unabhängigkeit entsprechen möchte, weil sie nun einmal elementarer Bestandteil ihrer Sozialisation sind. Die Seelenqual, die ihr diese Zerrissenheit bereitet, hebt die gerade einmal Neunzehnjährige aber über alle anderen Figuren des Buches hinaus.

Unterrichtsverlauf

Überblick. Erkenntnisziel ist, dass die doppelte Konfrontation, in die Effi gerät, die Ursache für die Schwierigkeiten ihres Ehelebens mit Innstetten und für die Affäre mit Crampas ist: Durch die Analyse eines Dialogs zwischen Effi und Innstetten mithilfe des Kommunikationsmodells Friedemann Schulz von Thuns werden zunächst das grundsätzliche Scheitern der Kommunikation mit Innstetten und deren Auswirkungen auf Effi erschlossen. Die Analyse verschiedener Gespräche zwischen Effi und ihren Eltern zeigt dann, dass Effi sich in ihrer Konfrontation mit sich selbst auch von dieser Seite keine Unterstützung erhoffen kann, so dass sie insgesamt auf sich selbst zurückgeworfen wird. Durch die anschließende Analyse einer Konfrontation mit ihrer Mutter und einer mit Innstetten wird deutlich, dass Effis Versuche, eine Bejahung ihrer charakterlichen Bedürfnisse zu erreichen, selbst bei diesen ihr nahestehenden Menschen scheitern und dass das dazu führt, dass sie sich innerlich von ihrem Mann distanziert. Zuletzt erkennt die Lerngruppe im Rückblick, dass das Scheitern von Effis Versuchen sie empfänglich macht für Crampas' Bemühungen, die für sie eben die Bejahung bedeuten könnten, nach der es sie verlangt.

Phase	Thema	Sozialform	Kompetenzen und Lernziele	Materialien
Voraussetzungen: Kenntnis des Romans				
6.1	Erschließung und Anwendung des Kommunikationsmodells von Schulz von Thun	PA	• Die Lerngruppe versteht das Kommunikationsmodell von Schulz von Thun und analysiert mit seiner Hilfe konkrete Sprechsituationen	ARBEITSBLATT 6a ➤ S. 65–67
6.2	Vorstellung und Diskussion der Ergebnisse	UG	• Der Lerngruppe verfügt über ein kommunikationstheoretisches Instrumentarium zur Analyse des Gesprächs zwischen Effi und Innstetten 86,4–26.	ARBEITSBLATT 6a ➤ S. 65–67
6.3	Analyse eines Dialogs zwischen Effi und Innstetten	GA	• Die Lerngruppe erkennt, dass und warum die Kommunikation zwischen Effi und Innstetten nicht gelingt, und sieht darin eine Verstärkung von Effis Konfrontation mit sich selbst.	ARBEITSBLATT 6a ➤ S. 65–67
6.4	Präsentation und Besprechung der Resultate	UG	• Die Lerngruppe versteht, warum sich Effi Verständnis nur von ihren Eltern erhoffen kann.	ARBEITSBLATT 6a ➤ S. 65–67
6.5	Analyse der Kommunikation zwischen Effi und ihren Eltern	PA / EA	• Die Lerngruppe kann erklären, dass und warum auch die Kommunikation zwischen Effi und ihren Eltern nicht zu einer Unterstützung in ihrer Konfrontation mit sich selbst führt.	ARBEITSBLATT 6b ➤ S. 68
6.6	Vorstellung und Diskussion der Ergebnisse	UG	• Die Lerngruppe erkennt, dass Effi in ihrer Konfrontation mit sich selbst isoliert ist und sie entsprechend nicht auflösen kann.	ARBEITSBLATT 6b ➤ S. 68 VORLAGE 6a ➤ S. 60
6.7	Haltung der Figuren des Romans zu Effi	UG / GA	• Die Lerngruppe kann den Figuren des Romans begründend eine bestimmte Haltung zu Effi zuordnen und sie nach dieser Haltung gruppieren.	ARBEITSBLATT 6c ➤ S. 69 VORLAGE 6b ➤ S. 61
6.8	Präsentation und Besprechung der Resultate	UG	• Die Lerngruppe gelangt zu der Einsicht, dass Luise von Briest, Innstetten und Crampas nicht die ausschließlich positive Haltung zu Effi einnehmen, die man zunächst unterstellen würde.	ARBEITSBLATT 6c ➤ S. 69 VORLAGE 6c ➤ S. 62
6.9	Analyse einer Konfrontation zwischen Effi und ihrer Mutter	EA	• Die Lerngruppe erkennt, dass und warum Effi in der Konfrontation mit ihrer Mutter die Bejahung ihrer charakterlichen Bedürfnisse nicht erreicht.	ARBEITSBLATT 6d ➤ S. 70

6.10	Vorstellung und Diskussion der Ergebnisse	UG	• Die Lerngruppe ist vorbereitet auf die Untersuchung einer Konfrontation zwischen Effi und Innstetten	ARBEITSBLATT 6d ➤ S. 70
6.11	Untersuchung einer Konfrontation zwischen Effi und Innstetten	PA	• Die Lerngruppe erkennt, dass und warum Effi in der Konfrontation mit Innstetten die Bejahung ihrer charakterlichen Bedürfnisse nicht erreicht.	ARBEITSBLATT 6e ➤ S. 71
6.12	Präsentation und Besprechung der Resultate	UG	• Die Lerngruppe gelangt zu der Einsicht, dass die Vergeblichkeit von Effis Versuchen, bei ihrer Mutter und Innstetten eine Bejahung ihrer charakterlichen Bedürfnisse zu erreichen, sie für die Werbung von Crampas empfänglich macht.	ARBEITSBLATT 6e ➤ S. 71 VORLAGE 6d ➤ S. 64

6.1 Erschließung und Anwendung des Kommunikationsmodells von Schulz von Thun

PA

Unterrichtsschritt. Die Lerngruppe bearbeitet in Partnerarbeit die Arbeitsaufträge 1–3 auf dem ARBEITSBLATT 6a ***Effis Konfrontation mit sich selbst.***

ARBEITSBLATT 6a
➤ S. 65–67
Lösungshinweise
➤ S. 119 f.

Erläuterungen. Sollte die Lerngruppe mit dem Kommunikationsmodell Schulz von Thuns bereits vertraut sein, kann Arbeitsauftrag 1 übersprungen werden. Die Arbeitsaufträge 2 und 3 sollten jedoch auch dann bearbeitet werden, wenn das Modell bekannt ist, weil sie helfen, die Kenntnisse darüber zu reaktivieren.

6.2 Vorstellung und Diskussion der Ergebnisse

UG

ARBEITSBLATT 6a
➤ S. 65–67

Unterrichtsschritt. Die Ergebnisse der Partnerarbeit zu den Arbeitsaufträgen 1–3 werden vorgestellt, diskutiert und in Gestalt der Tabellen in den Lösungshinweisen zu ARBEITSBLATT 6a an der Tafel oder in einem entsprechenden digitalen Medium gesichert.

Am Ende dieses Unterrichtsschritts tauscht sich die Lerngruppe über die *weiterführende Frage* aus:

- Welche Ebenen sind in Ihren Augen besonders wichtig für ein wechselseitiges Verständnis?

Erläuterungen. Damit die Lerngruppe im nächsten Schritt den Dialog zwischen Effi und Innstetten analysieren kann, muss sie das Kommunikationsmodell Schulz von Thuns verstanden haben und in dessen Anwendung sicher sein. Insbesondere auf der Ebene der Selbstkundgabe und der Beziehung fällt es Schülerinnen und Schülern oft noch schwer, die entsprechenden Äußerungen zu formulieren. Die eigenen Beispiele werden dabei zeigen, ob sie in der Anwendung des Modells sicher sind. Das ist die Voraussetzung für eine zielführende Analyse des Dialogs zwischen Effi und Innstetten Reclam XL 86,4–26, in dem die Ebenen der Selbstkundgabe und der Beziehung eine zentrale Rolle spielen.

Zur weiterführenden Frage: Bei der Frage, welche Ebenen für ein wechselseitiges Verständnis besonders wichtig sind, werden vermutlich die Selbstkundgabe- und die Beziehungs-Ebene genannt, da nicht nur Effi und Innstetten, sondern auch die Schülerinnen und Schüler auf dieser Ebene die meisten Schwierigkeiten haben.

6.3 Analyse eines Dialogs zwischen Effi und Innstetten

GA

Unterrichtsschritt. Die Lerngruppe bearbeitet in Gruppenarbeit die Arbeitsaufträge 4–7 auf dem ARBEITSBLATT 6a zum Dialog Reclam XL 86,4–26.

ARBEITSBLATT 6a
➤ S. 65–67
Lösungshinweise
➤ S. 119 f.

Erläuterungen. *Hinweis zu Arbeitsauftrag 5:* In diesem Gespräch mit Innstetten tritt Effis Konfrontation mit sich selbst besonders deutlich auf der Beziehungsebene hervor. Das ist nicht so selbstverständlich, wie man denken könnte, weil es sich ja um eine Konfrontation mit sich selbst handelt, und die kann, muss sich aber keineswegs immer auf der Beziehungsebene manifestieren.

6.4 Präsentation und Besprechung der Resultate

Unterrichtsschritt. Die Resultate der Gruppenarbeit werden präsentiert, besprochen und in Gestalt der Lösungshinweise zu ARBEITSBLATT 6a an der Tafel oder in einem entsprechenden digitalen Medium gesichert.

Abschließend klärt die Lerngruppe die *abschließende Frage*:

- Von wem kann sich Effi in ihrer Konfrontation mit sich selbst Verständnis und Unterstützung erhoffen?

UG

ARBEITSBLATT 6a

➤ S. 65–67

Erläuterungen. *Zur abschließenden Frage:* Zu erwarten ist, dass die Lerngruppe zuerst ihre Mutter und dann ihren Vater nennen wird. Denkbar ist auch, dass Gieshübler, Roswitha oder sogar Crampas vorgeschlagen werden, weil diese Figuren Effi näher zu sein scheinen als ihr Mann. Doch diese Figuren scheiden aufgrund des jeweiligen Verhältnisses zu Effi aus: Im Fall Gieshüblers ist die gesellschaftliche Distanz zu groß, als dass Effi ihm ihre wirklichen Ängste offenbaren könnte. Außerdem würde dadurch seine Bewunderung nachlassen, die Effi genießt. Roswitha gegenüber muss Effi – schon um Innstettens Erwartungen willen – in der Rolle der »gnädigste[n] Frau« (123,24) bleiben. Und Crampas gegenüber kann sie sich nicht öffnen, weil man sich einem potenziellen Liebhaber gegenüber anfänglich fast immer verstellen muss, und in diesem Fall wäre Crampas außerdem ein Grund ihrer Ängste: Sie müsste ihm sagen, dass sie Angst davor hat, dass ihre Bedürfnisse sie in seine Arme treiben, und das lassen weder ihr Stolz noch die gesellschaftlichen Konventionen zu, denen sie am Ende verpflichtet ist.

6.5 Analyse der Kommunikation zwischen Effi und ihren Eltern

Unterrichtsschritt. Die Lerngruppe bearbeitet in Partnerarbeit den Arbeitsauftrag 1 und in Einzelarbeit die Arbeitsaufträge 2 und 3 auf dem ARBEITSBLATT 6b.

PA / EA

ARBEITSBLATT 6b

➤ S. 68

Erläuterungen. Nachdem die Anwendung des Kommunikationsmodells Schulz von Thuns zunächst enger geführt war, geschieht sie jetzt weitgehend selbständig unter einer Leitfrage.

Arbeitsauftrag 1:

a) Dieses Gespräch lässt wenig Hoffnung auf Verständnis und Unterstützung durch Luise von Briest aufkommen: Denn die Mutter versteht Effis Selbstkundgaben (»Um meine Hand angehalten? Und im Ernst?« ➤ »Ich bin doch noch viel zu jung«, 17,17) entweder nicht oder sie übergeht sie schlicht, um ihr Gesprächsziel, Effis Einwilligung in die Verlobung, zu erreichen. Außerdem maßt sie sich auf der Beziehungsebene an, Effi zu verstehen, ohne das zu überprüfen (»ich glaube, er hat dir auch gut gefallen«, 17,19 f.). In dieser Anmaßung geht sie dann so weit, Effis vermeintliche Entscheidungsfreiheit suggestiv auf das zu reduzieren, was sie an der Stelle ihrer Tochter getan hätte (»was ich mir von meiner klugen Effi kaum denken kann«, 17,22 f.). Zuletzt gibt sie ihrer Tochter auf der Beziehungsebene zu verstehen, dass sie sich für deren Vorbild und den Maßstab für ein gelungenes Leben hält (»Du wirst deine Mama weit überholen«, 17,25). Effi reagiert denn bezeichnenderweise auch mit Schweigen und der Suche nach einer Antwort.

b) Auch in diesem Gespräch versteht Luise von Briest ihre Tochter nicht, obwohl Effis Selbstkundgaben hier relativ unmissverständlich sind (»ich bin nicht so sehr für das, was man eine Musterehe nennt«, 33,17 f.). Sie geht viel zu sehr von ihren eigenen Anschauungen aus, um sich wirklich auf ihre Tochter einlassen zu können (»Denn er ist […] eine Musterehe führen«, 33,11–15; »Das sind so […] vor dem Ungewissen«, 34,14–16; »Das ist ein […] ein Vorzug mehr«, 35,18–20; »Nun, das ist […] das freut mich«, 36,16). Daher versteht sie beispielsweise die Äußerung Effis nicht, in der diese ihr auf der Selbstkundgabeebene vermittelt, dass ihr größtes Problem der erzwungene Abschied von der Kindheit ist (»Aber sonst bin […] gewesen, s o glücklich«, 34,10 f.). Selbst wenn sie Effi ausdrücklich nach ihrer Meinung fragt (»Und nun sage […] du denn eigentlich?«, 33,19 f.; »Liebst du Geert nicht?«, 35,30 f.; »Aber du hast […] auf der Seele«, 36,16 f.), nimmt sie die Antwort entweder nicht ernst (»Wie bist du […] uns fertig geworden?«, 34,3) oder geht, wie im Fall der beiden letztgenannten Fragen, nicht weiter darauf ein. Dadurch signalisiert sie ihrer Tochter abermals auf der Beziehungsebene, dass sie weiß, was für Effi gut ist. Auch wo diese sie auf der Beziehungsebene einmal auf ihre Seite zu ziehen versucht (»›Geheimnisse‹, lachte Effi […] ja auch Landrat«, 34,19–23), erkennt Luise von Briest das nicht und fordert sie statt einer Antwort nur auf, den Brief zu lesen. Dieses Gespräch zeigt also ebenfalls, dass Effi von der Seite ihrer Mutter weder wirkliches Verständnis noch Unterstützung erwarten kann.

c) In ihrem Vater hat Effi schon eher jemanden, der sie wirklich versteht. Das zeigt sich z. B., wenn er Effi bittet, ihrem Mann nichts von seiner Überlegung zu erzählen, dass das Tier besser sein könnte als der Mensch (134,17).

Denn darin zeigt sich, dass er Effis Einschätzung von Innstettens zu erwartender Reaktion kennt, ohne dass diese sie hätte aussprechen müssen. Und wenn Effi ihm auf der Selbstkundgabe-Ebene ihre Zweifel an Innstettens Liebe zu verstehen gibt (»Und liebt mich.«, 134,21), versteht er sie ebenfalls und kann auf diese Weise aussprechen (»Mich wundert nur […] junge Frau hat«, 134,23–25), was sie denkt (»Effi errötete, weil sie geradeso dachte.«, 134,26). An fehlendem Verständnis würde die Unterstützung durch ihren Vater somit nicht scheitern. In seinem Fall ist es vielmehr die fehlende Konfliktbereitschaft, die sich in seiner wiederkehrenden Rede vom »weite[n] Feld« (134,36) verdichtet.

Arbeitsauftrag 2: Im Ergebnis kann sich Effi von ihrer Mutter kein Verständnis erhoffen, während ihr Vater das durchaus aufbringt. Unterstützung in ihrem Konflikt mit sich selbst ist dagegen von beiden nicht zu erwarten.

6.6 Vorstellung und Diskussion der Ergebnisse

UG

ARBEITSBLATT 6b ➤ S. 68

VORLAGE 6a ➤ S. 60

Unterrichtsschritt. Die Ergebnisse der Partner- bzw. Einzelarbeit zum ARBEITSBLATT 6b werden vorgestellt, diskutiert und im Fall des Arbeitsauftrags 3 an der Tafel oder in einem entsprechenden digitalen Medium festgehalten, etwa in Gestalt von VORLAGE 6a ***Folgen für Effis Konfrontation mit sich selbst.***

VORLAGE 6a

Folgen für Effis Konfrontation mit sich selbst

Wie schon bei Innstetten führt auch im Fall von Effis Eltern das fehlende Verständnis ihrer Mutter und die ausbleibende Unterstützung beider Eltern dazu, dass sie in ihrer Konfrontation mit sich selbst allein gelassen wird. Auf diese Weise gibt es niemanden, der Innstetten vermitteln könnte, worin dieser Konflikt besteht, und der Effi dadurch helfen könnte, ihn aufzubrechen.

Erläuterungen. Als Sicherung für Arbeitsauftrag 3 dient VORLAGE 6a. Für den Arbeitsauftrag 1 ist keine eigene Sicherung vorgesehen. Sie geschieht implizit, wenn die Urteile und deren Begründungen vorgetragen werden, zu denen der Arbeitsauftrag 2 aufgefordert hatte. Die Erläuterungen in Unterrichtsschritt 6.5 nennen allerdings wesentliche Gründe dafür, dass Effis Mutter sie nicht versteht und beide Eltern ihr keine Unterstützung in ihrer Konfrontation mit sich selbst bieten können. Diese Gründe sollten denn auch in den Beurteilungen, die zum Vortrag kommen, angesprochen werden. Sollte das in der ersten vorgestellten Beurteilung noch nicht der Fall sein, ist zunächst abzuwarten, ob es nicht in anderen geschieht. Erst wenn auch diese die entscheidenden Gründe nicht erwähnen, werden sie im gelenkten Unterrichtsgespräch erschlossen.

Außerdem sollte in diesem Zusammenhang die Frage diskutiert werden, warum Effis Mutter ihre Tochter nicht verstehen kann, während ihrem Vater das gelingt. Diese Frage könnte von der Lerngruppe selbst aufgeworfen werden, weil der darin ausgesprochene Befund quer zu dem ersten Eindruck steht, dass Effi und ihre Mutter sich sehr gut verstehen. Tatsächlich vertritt Luise von Briest aber das Rollenleitbild ihrer Gesellschaft und deren Konventionen deutlich stärker als ihr Mann, der sie auch schon einmal als etwas betrachtet, worüber man hinwegsehen könnte (134,27–36). Entsprechend ist es die Mutter, die Effi, wenn auch im Namen beider Eltern, nach der Enthüllung ihres Seitensprungs schreibt und dabei unmissverständlich zum Ausdruck bringt, dass ihre Anschauungen sich mit denen der Gesellschaft decken (287,2–15). Die Unvereinbarkeit von Effis Bedürfnissen mit dem gesellschaftlichen Rollenleitbild führt jedoch auch hier schon dazu, dass Luise von Briest die Äußerungen ihrer Tochter mit dem Ohr dieses Rollenleitbilds hört und sie deshalb nicht versteht.

6.7 Haltung der Figuren des Romans zu Effi

UG / GA

ARBEITSBLATT 6c ➤ S. 69

VORLAGE 6b ➤ S. 61

Unterrichtsschritt. Die Lerngruppe bearbeitet den Arbeitsauftrag auf dem ARBEITSBLATT 6c ***Die Konfrontation mit anderen (1).***

Bevor mit der Bearbeitung begonnen werden kann, muss ein einheitliches Verständnis der Begriffe hergestellt werden, die die einzelnen Bereiche des Kreises definieren. Das in Gestalt einer Legende auf dem Arbeitsblatt zu tun, hieße die Einsichten und Ausschärfungen verschenken, die sich jenseits einer bloßen Defi-

nition aus der Klärung im Unterrichtsgespräch ergeben. Daher wird dieses Verständnis gemeinsam erschlossen. Anschließend nimmt die Lerngruppe dann die nachstehenden Definitionen der VORLAGE 6b ***Charakterisierende Begriffe*** zur Grundlage.

VORLAGE 6b

Charakterisierende Begriffe

aufgeschlossen: Wer einer Person gegenüber aufgeschlossen ist, dem ist sie grundsätzlich sympathisch: Er ist interessiert an ihr und empfänglich für ihre Eigenheiten, wenn er damit konfrontiert wird.
wohlwollend: Wer einer Person gegenüber wohlwollend ist, begegnet ihr mit Verständnis und Zuneigung und würde eventuelle Fehler entsprechend milde beurteilen.
bejahend: Wer eine Person bejaht, heißt alle ihre Eigenschaften, positive wie negative, gut.

gleichgültig: Wem eine Person gleichgültig ist, der interessiert sich nicht für sie und empfindet entsprechend weder Zu- noch Abneigung.
vorbehaltlich: Wer einer Person gegenüber Vorbehalte hat, der unterstellt ihr einzelne Empfindungen, Anschauungen und mögliche Verhaltensweisen, die ihm fremd oder unliebsam sind. Die Vorbehalte können dabei von einer dritten Person übernommen werden.
ablehnend: Wer einer Person ablehnend gegenübersteht, der missbilligt sie und was sie empfindet, denkt und tut insgesamt.

6.8 Präsentation und Besprechung der Resultate

Unterrichtsschritt. Die Resultate der Gruppenarbeit zu ARBEITSBLATT 6c werden präsentiert, besprochen und dann in Gestalt der VORLAGE 6c ***Die Figuren des Roman in ihrem Verhältnis zu Effi*** an der Tafel oder in einem entsprechenden digitalen Medium gesichert.

UG

ARBEITSBLATT 6c
➤ S. 69
VORLAGE 6c
➤ S. 62

Erläuterungen. Im Lösungsvorschlag VORLAGE 6c sind Innstetten, Effis Mutter und Crampas bewusst noch nicht eingetragen worden, denn in allen drei Fällen gibt es zunächst mehrere Möglichkeiten, die zu diskutieren den Blick der Lerngruppe auf diese drei Figuren erheblich vertiefen dürfte:

Innstetten wird auf das Romanganze gesehen kaum jemand eine bejahende Haltung zu Effi unterstellen wollen. Zwar bekennt er im Gespräch mit Wüllersdorf im Vorfeld des Duells seine Liebe zu Effi (264,9–15), doch erstens wird das durch seine begrenzte Liebesfähigkeit relativiert, die ausnahmsweise der Erzähler selbst andeutet (114,16–18). Und zweitens – passend zu dieser begrenzten Liebesfähigkeit – geht die Bejahung Effis, die man einem Liebenden selbstverständlich unterstellen würde, nicht so weit, dass Innstetten darauf verzichten würde, sich von Effi zu trennen oder Annie gegen sie aufzuhetzen. Die Strenge, mit der er ihre Fehler betrachtet, passen nicht einmal zu einer wohlwollenden Haltung, die gerade durch Milde im Umgang mit Fehlern definiert ist. Steht Innstetten Effi also lediglich aufgeschlossen gegenüber? Dazu befasst er sich zu leidenschaftlich mit ihren Fehlern, und insofern ist sie ihm auch nicht gleichgültig. Eine ablehnende Haltung kommt ersichtlich ebenfalls nicht in Betracht, so dass zuletzt die Vorbehaltlichkeit bleibt.

Eine solche Haltung wird die Lerngruppe zunächst überraschen, doch diese Überraschung gründet zu einem Gutteil in der Unterstellung, dass man doch niemanden heiraten würde, dem man vorbehaltlich gegenübersteht. Insofern ist das ein guter Anlass, darüber zu sprechen, was Innstetten dazu bewogen haben könnte, um die Hand einer jungen Frau anzuhalten, die er bis dahin gar nicht kannte: Zum einen heiratet er die Tochter an Stelle der Mutter, um die er vergeblich geworben hatte, und das spricht nicht gerade für eine leidenschaftliche Motivation. Zum anderen aber passt Effi einfach in Innstettens Lebenskonzept, wie das sicher auch noch für eine Reihe anderer junger Frauen gegolten hätte. Beide Beweggründe sind aber keineswegs unvereinbar mit einer vorbehaltlichen Haltung – im Gegenteil: Ein nüchterner Charakter wie Innstetten *muss* geradezu vorbehaltlich sein, wenn er jemanden gar nicht kennt, weil er vernünftigerweise nicht ausschließen kann, dass er auf Empfindungen, Anschauungen und Verhaltensweisen stoßen könnte, die ihm fremd oder unliebsam sind. Außerdem ist auch er geprägt von dem gesellschaftlichen Rollenleitbild.

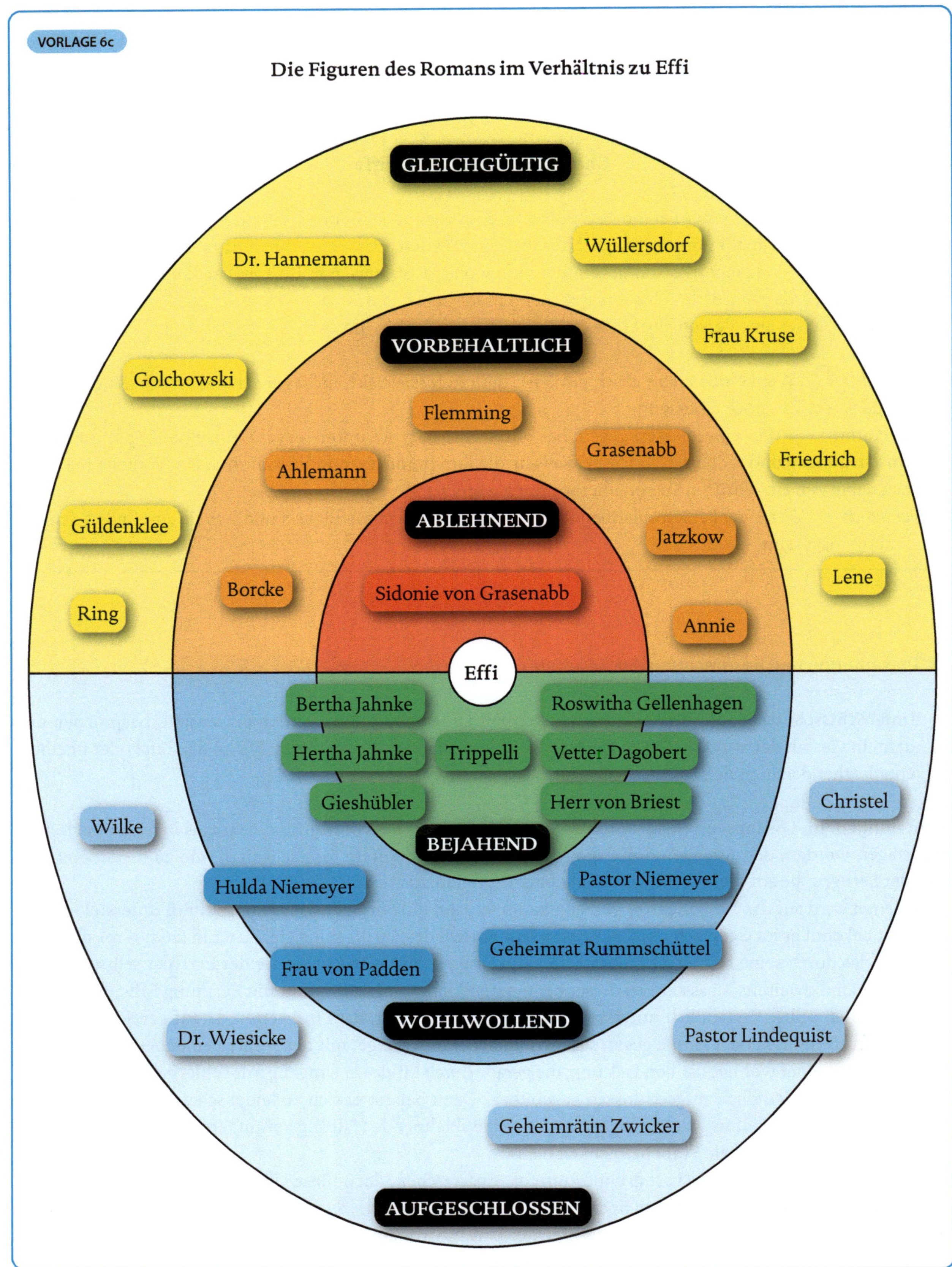

Bei *Luise von Briest* kommen nur die wohlwollende und die bejahende Haltung in Frage. Dass die Mutter Effi z. B. ihren Wunsch nach einem »Pelz« (29,12) abschlägt und ihr »Vergnügungssucht und Ehrgeiz« (42,16) unterstellt, spricht dabei noch nicht gegen eine bejahende Haltung, weil zu diesem Zeitpunkt noch offen ist, wie sie die dahinterstehenden Charaktereigenschaften Effis, die sie hier nur konstatiert, am Ende bewertet. Aber wenn sie später die Affäre mit Crampas verurteilt – und zwar ausdrücklich nicht wegen der damit möglicherweise verbundenen gesellschaftlichen Ächtung, sondern um Effis Tuns selbst willen (287,8–15) –, dann lehnt sie damit deren

Leidenschaftlichkeit, ihre Risikofreude und die erotische Sensibilität ab, die sie neben anderem in die Affäre getrieben hatte. Außerdem hatte die Lerngruppe bereits in der Analyse der Gespräche zwischen Effi und ihrer Mutter im Unterrichtsschritt 6.5 die Verinnerlichung des Rollenleitbilds der Gesellschaft als Verständnishindernis identifiziert, und vor diesem Hintergrund darf man bezweifeln, dass Luise von Briest tatsächlich so unabhängig von der Gesellschaft ist, wie sie sich hier gibt. In jedem Fall kann man ihr eine bejahende Haltung nicht mehr zusprechen.

Was zuletzt *Crampas* angeht, hängt die Unterstellung der Haltung, die er Effi gegenüber einnimmt, entscheidend davon ab, welche Bedeutung Effis für ihn die Lerngruppe ihm zurechnet: Geht sie davon aus, dass sie bloß ein Lustobjekt oder Medium der Zerstreuung für den Major ist, käme es auf sie als Person kaum an. Es wäre insofern nicht einmal ausgeschlossen, ihm Gleichgültigkeit ihr gegenüber zu unterstellen, weil sie für ihn als »Mann vieler Verhältnisse« (117,2), als »Damenmann« (117,2 f.) die gleiche Gültigkeit wie jede andere an ihrer Stelle auch hat. Ebenso wenig wäre bloße Aufgeschlossenheit abwegig, zumal die Betrachtung einer Frau als bloßes Lustobjekt oder Zerstreuungsmedium mit einem gewissen Interesse an ihr und einer Empfänglichkeit für ihre Eigenschaften keineswegs unvereinbar ist. Wenn dagegen angenommen würde, dass Effi Crampas mehr bedeutet – wofür z. B. seine »sichtlich[e] [B]ewegt[heit]« (214,2) bei Effis Abreise aus Kessin spricht –, müsste man ihm mindestens eine wohlwollende, wenn nicht gar eine bejahende Haltung unterstellen. Dafür spräche auch, dass Crampas und Effi einige ähnliche Charaktereigenschaften haben, und was man sich selber zugesteht, bejaht man dann auch eher bei anderen.

Angesichts der Komplexität dessen, wozu der Arbeitsauftrag auffordert, ist eine Zwischensicherung unumgänglich. Insbesondere der Austausch über die möglichen Haltungen von Effis Mutter, Innstetten und Crampas muss im unmittelbaren Zusammenhang mit dem Versuch der Bestimmung dieser Haltung stattfinden, damit der Lerngruppe die einschlägigen Argumente noch gegenwärtig sind.

Wenn ein Konsens hinsichtlich der Haltung auch dieser drei Figuren herbeigeführt wurde, werden deren Namen in die Vorlage eingetragen, die anschließend von der Lerngruppe übernommen wird.

Die Einsicht, dass Luise von Briest und Innstetten keine bejahende Haltung zu Effi einnehmen können, bereitet dabei die Analyse der Konfrontation zwischen Effi und ihrer Mutter bzw. Innstetten im nächsten Unterrichtsschritt vor.

6.9 Analyse einer Konfrontation zwischen Effi und ihrer Mutter

Unterrichtsschritt. Die Lerngruppe bearbeitet die Arbeitsaufträge auf dem ARBEITSBLATT 6d ***Die Konfrontation mit anderen (II)***. EA

ARBEITSBLATT 6d
➤ S. 70
Lösungshinweise
➤ S. 121

Erläuterungen. Die Analyse der Konfrontation zwischen Effi und ihrer Mutter bereitet an einem weniger komplexen Beispiel die der Konfrontation von Effi und Crampas vor.

Arbeitsauftrag 1: Schülerinnen und Schüler, die im gründlichen Lesen ungeübt sind, könnten in dem Gespräch nur die Äußerung eines Wunsches durch Effi und dessen Ablehnung durch ihre Mutter sehen und z. B. überlesen, dass Luise von Briest zwei Anläufe zu dieser Ablehnung nimmt. Eine zutreffende Beschreibung ihrer Gesprächsstrategie fällt dann aber deutlich schwerer. Leseerfahreneren Schülerinnen und Schülern kann angeboten werden, diesen Arbeitsauftrag zu überspringen.

6.10 Vorstellung und Diskussion der Ergebnisse

Unterrichtsschritt. Die Ergebnisse der Einzelarbeit zu ARBEITSBLATT 6d werden vorgestellt, diskutiert und entsprechend den Lösungshinweisen an der Tafel oder in einem digitalen Medium gesichert. UG

ARBEITSBLATT 6d
➤ S. 70

Erläuterungen. Die Analyse der Konfrontation von Effi und ihrer Mutter bereitet die Lerngruppe auf die im nächsten Unterrichtsschritt folgende Untersuchung der Konfrontation zwischen Effi und Innstetten vor.

PA

ARBEITSBLATT 6e

➤ S. 71

Lösungshinweise

➤ S. 122

6.11 Untersuchung einer Konfrontation zwischen Effi und Innstetten

Unterrichtsschritt. Die Lerngruppe bearbeitet die Arbeitsaufträge auf dem ARBEITSBLATT 6e ***Die Konfrontation mit anderen (III)***.

UG

ARBEITSBLATT 6e

➤ S. 71

VORLAGE 6d

➤ S. 64

6.12 Präsentation und Besprechung der Resultate

Unterrichtsschritt. Die Resultate der Partnerarbeit zu ARBEITSBLATT 6e werden präsentiert, besprochen und auf dem Arbeitsblatt (Arbeitsaufträge 2, 3, 5 und 6) entsprechend der Lösungshinweise bzw. mittels der VORLAGE 6d ***Effis Gesprächsstrategie*** (zu Arbeitsauftrag 4) an der Tafel oder in einem entsprechenden digitalen Medium gesichert.

Im Anschluss an die Sicherung tauscht sich die Lerngruppe zu der *weiterführenden Frage* aus:

- Was bedeutet die Situation Effis, wie Sie sie gerade erschlossen haben, für ihre Haltung gegenüber Crampas?

Effis vergebliche Versuche, bei ihrer Mutter und Innstetten eine Bejahung ihrer charakterlichen Bedürfnisse zu erwirken, macht sie empfänglich für die Bemühungen eines Mannes, von dem sie sich diese Bejahung erhoffen kann.

VORLAGE 6d

Effis Gesprächsstrategie

(Zu Arbeitsauftrag 4)

Als würde sie die Strategie ihrer Mutter (31,16–25) übernehmen, äußert Effi zunächst Verständnis für die gesellschaftlichen Rücksichten, die ihr Mann nehmen muss, um ihn empfänglich für ihr Anliegen zu machen (86,27 f.; 86,33 f.): Sie geht darin sogar so weit, ausdrücklich das gesellschaftliche Rollenleitbild zu bejahen, dass sie ihrem Mann unterstellt und dem sie auch selbst entsprechen möchte, indem sie Innstetten – nur halb scherzhaft – als ihren »hohen Herrn« (86,28 f.) bezeichnet. Außerdem verweist sie darauf, dass Menschen aus ihrer beider Gesellschaftsschicht aus geringerem Anlass umziehen (87,5–9). Damit signalisiert sie einerseits noch einmal Verständnis für die gesellschaftlichen Rücksichten Innstettens, und andererseits macht sie deutlich, dass der Chinese(n-Spuk) und ihre Furcht davor für sie ein gewichtiger Anlass sind. Nachdem Innstetten sich aber weder durch ihr Verständnis noch durch die Betonung ihres Leidens dahin hat bringen lassen, auf sie einzugehen, geht sie in die Offensive: Sie weist ihn ausdrücklich auf ihr Entgegenkommen hin und fordert ihn auch dazu auf (88,27–30). Außerdem kritisiert sie seine Beweggründe als ihrem Leiden unangemessen (88,30–35) und wirft ihm Widersprüchlichkeit vor (88,35–89,3). Zuletzt zieht sie sich ganz auf ihre Empfindungen zurück und gibt damit zu verstehen, dass sie von ihrem Ziel nicht abrücken wird (89,3–8).

Effis Konfrontation mit sich selbst

Arbeitsaufträge

1. Lesen Sie den nachstehenden Text und notieren Sie sich gegebenenfalls Verständnisfragen.

Das Kommunikationsmodell von Friedemann Schulz von Thun unterscheidet in jeder Kommunikation **Sender** und **Empfänger**. Außerdem geht es davon aus, dass menschliche Äußerungen sich immer auf *vier Ebenen gleichzeitig* bewegen, denen vier »Münder« auf der Seite des Senders und vier »Ohren« auf der des Empfängers entsprechen:

- auf der **Sachebene**: Hier steht die Sachinformation (Daten, Fakten, Sachverhalte) im Mittelpunkt. Beurteilt wird sie anhand folgender Kriterien: wahr/unwahr bzw. zutreffend/unzutreffend, relevant/irrelevant und hinlänglich/unzureichend. Die Verantwortung des Senders besteht auf der Sachebene darin, die Sachverhalte klar und verständlich auszudrücken. Der Empfänger kann dann im Sinne der drei Kriterien reagieren.
- auf der **Selbstkundgabe**-Ebene: Mit jeder Äußerung eines Senders transportiert dieser – absichtlich oder unabsichtlich, ausdrücklich oder nicht ausdrücklich – auch etwas von sich: von seinen Empfindungen, Bedürfnissen oder Werten. Der Empfänger hört diese Äußerung und fragt sich: Wie ist mein Gegenüber gestimmt? Was ist ihm wichtig?
- auf der **Beziehungs**-Ebene: Auf dieser Ebene vermittelt der Sender – durch die Art seiner Formulierung, durch Tonfall, Mimik und Gestik –, was er von seinem Gegenüber hält und wie er zu ihm steht. Diese Informationen nimmt der Empfänger mit dem Beziehungsohr wahr und fühlt sich entsprechend wertgeschätzt oder abgelehnt, missachtet oder geachtet, respektiert oder gedemütigt.
- auf der **Appell**-Ebene: Alle Äußerungen enthalten in der Regel auch einen Appell: Der Sender äußert – offen oder verdeckt – Wünsche, gibt Anweisungen oder erteilt Ratschläge. Der Empfänger fragt sich entsprechend: Was soll ich – oder soll ich nicht – tun, empfinden oder denken?

Das Kommunikationsquadrat nach Schulz von Thun:

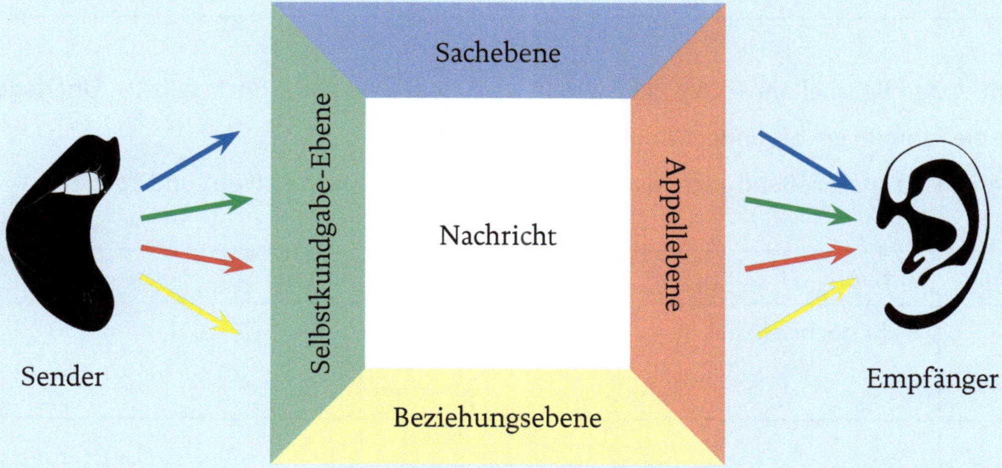

Die Verantwortung für eine gelingende oder im Idealfall sogar unmissverständliche Kommunikation liegt bei beiden gleichermaßen.

2023 Reclam Verlag / Joachim Hagner

2. Die folgenden zwei Beispiele veranschaulichen das Kommunikationsmodell Schulz von Thuns. Vervollständigen Sie das zweite Beispiel durch die fehlenden Äußerungen und ergänzen Sie selbst ein drittes.

Beispiele	Ein Paar sitzt in einem Auto, das vor der Ampel hält. Der Beifahrer sagt zu der Fahrerin: »Die Ampel ist grün.«	Ein Vater betritt das unordentliche Zimmer seiner 15-jährigen Tochter, schüttelt den Kopf und verlässt kommentarlos das Zimmer.	
Sachebene	Die Ampel zeigt grün.		
Selbstkundgabe	Ich habe es eilig.	Ich mag keine Unordnung. Ich bin verärgert oder resigniert.	
Beziehung	Ich mag nicht, dass Du manchmal so langsam reagierst. Ich würde es besser machen als Du.		
Appell	Gib Gas!		

3. In dem ersten Beispiel antwortet die Fahrerin dem Beifahrer: »Fahr doch selbst!«. Überlegen Sie, auf welcher Ebene die Fahrerin ein besonders empfindliches Ohr hatte.
Bestimmen Sie anschließend auch für die beiden anderen Beispiele Antwort und Ebene.

Beispiel	**Antwort**	**Ebene**
1	»Fahr doch selbst!«	
2		
3		

2023 Reclam Verlag / Joachim Hagner

4. Analysieren Sie mithilfe des Kommunikationsmodells Schulz von Thuns den Dialog zwischen Effi und Innstetten Reclam XL 86,4–26.
Vergegenwärtigen Sie sich dazu zunächst, was unmittelbar zuvor geschehen ist.
Berücksichtigen Sie bei Ihrer Analyse auch
- die in der 4. Unterrichtseinheit erarbeitete doppelte Konfrontation, in die Effi in ihrer Ehe gerät, sowie
- die symbolische Bedeutung des Chinesen(-Spuks), die Sie sich in der 5. Unterrichtseinheit erschlossen haben.

Äußerung	»Ach, Geert, Gott […] wieder allein lassen.« (86,8–10)	»Meine liebe Effi […] eine Tasse Kaffee.« (86,11–20)	»Du sollst recht […] danach als du …« (86,22–25)	»So sind alle Frauen« (86,26)
Sachebene				
Selbstkundgabe				
Beziehung				
Appell				

5. Effis Konfrontation mit sich selbst ergibt sich aus ihrem Bemühen, einerseits mit all ihren Bedürfnissen bejaht zu werden und andererseits dem Rollenleitbild ihrer Mutter und ihres Mannes zu entsprechen.
Markieren Sie die Ebene, auf der diese Konfrontation im Gespräch mit Innstetten besonders deutlich wird.

6. Tauschen Sie sich darüber aus,
- auf welchem Ohr Innstetten schwerhörig oder sogar taub ist, und
- welche Gründe das jeweils haben könnte.

Beurteilen Sie abschließend die Kommunikation von Effi und Innstetten.

7. Klären Sie, welche Auswirkung das auf Effis Konfrontation mit sich selbst hat.

2023 Reclam Verlag / Joachim Hagner

ARBEITSBLATT 6b

Arbeitsaufträge:

Wie Sie bereits festgestellt haben, kann Effi sich in ihrer Konfrontation mit sich selbst nur von ihrer Mutter und ihrem Vater wirkliches Verständnis und Unterstützung erhoffen.

Beurteilen Sie in zwei Schritten, ob diese Hoffnung berechtigt ist.

1. Analysieren Sie mithilfe von Schulz von Thuns Kommunikationsmodell
   a) das Gespräch zwischen Effi und ihrer Mutter Reclam XL 17,15–26
   b) das Gespräch zwischen Effi und ihrer Mutter 33,1–37,4
   c) das Gespräch zwischen Effi und ihrem Vater 133,10–134,36

   Achten Sie dabei besonders darauf, wie die Eltern auf Effis Äußerungen auf der Selbstkundgabe- und der Beziehungsebene reagieren.
2. Formulieren Sie ein Urteil und begründen Sie es in einem Fließtext.
   Sichern Sie ihre Begründungen durch Textbezüge unter Angabe von Seite(n) und Zeile(n).

Urteil	
Begründung	

3. Legen Sie dar, welche Folgen dieses Urteil für Effis Konfrontation mit sich selbst hat.

2023 Reclam Verlag / Joachim Hagner

ARBEITSBLATT 6c

Die Konfrontation mit anderen (I)

Arbeitsauftrag:

Sie hatten bereits festgestellt, dass Effi auch in Konfrontation mit anderen Figuren gerät. Diese Konfrontation ergab sich aus Effis Versuchen, ihre Bedürfnisse geltend zu machen, und Sie werden in diesem Unterrichtsschritt zwei dieser Versuche näher betrachten.

1. Verschaffen Sie sich dazu zunächst einen Überblick über die Haltung der verschiedenen Figuren zu Effi.
   - Tragen Sie in die linke Hälfte des Kreises die Namen der Figuren ein, die Effi aufgeschlossen, wohlwollend oder bejahend gegenüberstehen.
   - In der rechten Hälfte halten Sie die Figurennamen fest, die eine gleichgültige, vorbehaltliche oder ablehnende Haltung zu ihr einnehmen.

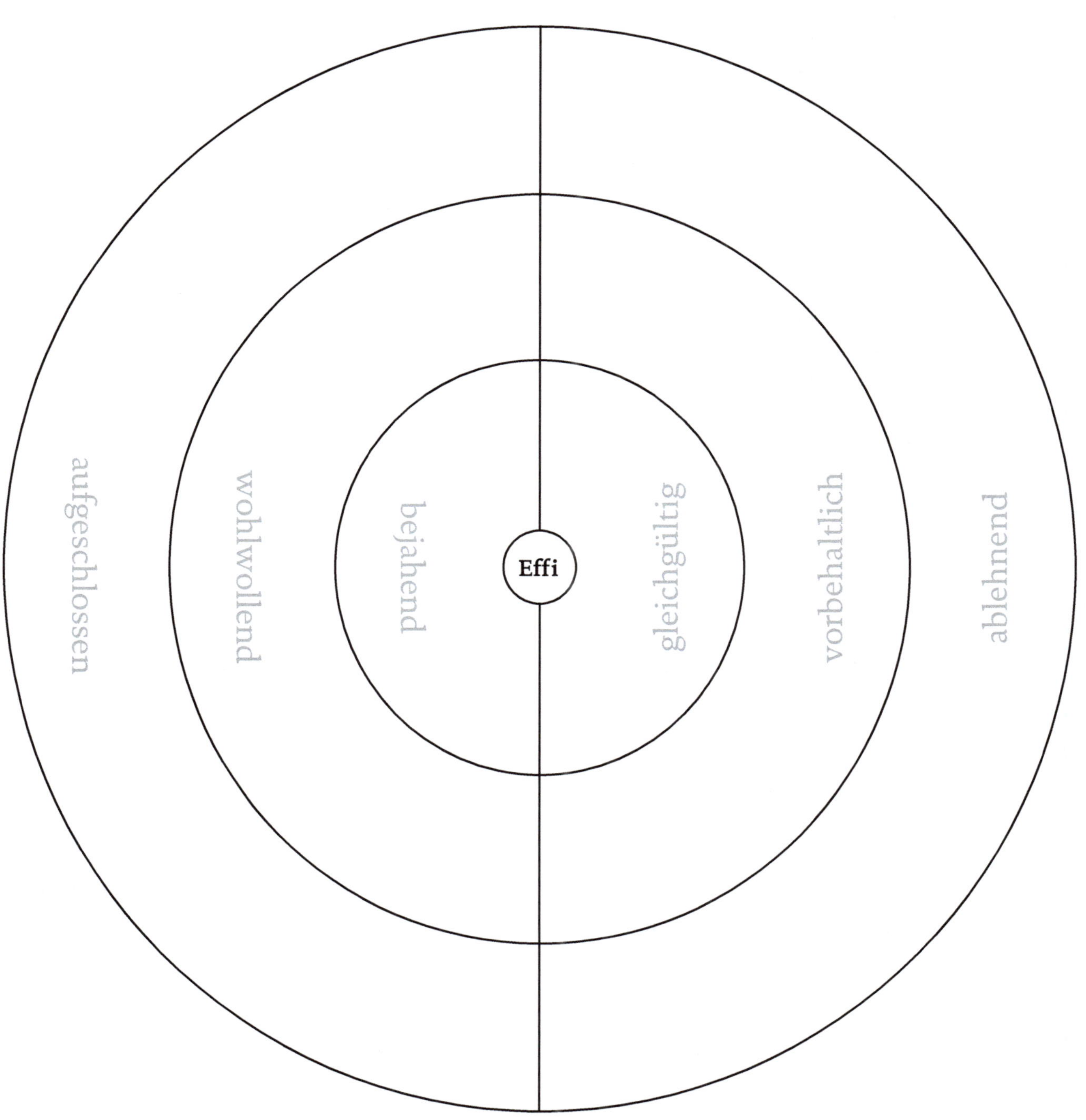

2023 Reclam Verlag / Joachim Hagner

ARBEITSBLATT 6d

Die Konfrontation mit anderen (II)

Arbeitsaufträge:

Analysieren Sie die Konfrontation zwischen Effi und ihrer Mutter 31,2–32,9.

1. Fassen Sie den Inhalt der einzelnen Gesprächsschritte in je einem Satz zusammen.

Sinnabschnitt Nr. (Seiten/Zeilen)	Inhalt
1 (31,9–12)	
2 (31,13)	
3 (31,14 f.)	
4 (31,16–25)	
5 (31,26 f.)	
6 (31,28–35)	
7 (32,1–3)	
8 (32,4–7)	
9 (32,8 f.)	

2. Bestimmen Sie die Charaktereigenschaft(en), die Effis Wunsch zugrunde liegen.

3. Beschreiben Sie die Gesprächsstrategie von Effis Mutter: Wie geht sie vor, um Effi von ihrem Wunsch abzubringen?

4. Effi kann auf die letzte Äußerung ihrer Mutter nicht mehr antworten, weil das Gespräch von Wilke unterbrochen wird: Überlegen Sie, mit welchen Empfindungen und Gedanken Effi zurückbleibt.

2023 Reclam Verlag / Joachim Hagner

ARBEITSBLATT 6e

Die Konfrontation mit anderen (III)

Arbeitsaufträge:

Untersuchen Sie die Konfrontation zwischen Effi und Innstetten 86,27–89,8.

1. Vergegenwärtigen Sie sich noch einmal ganz kurz, was unmittelbar zuvor geschehen ist.
2. Benennen Sie das Ziel, das Effi in diesem Gespräch verfolgt.
3. Bestimmen Sie die Charaktereigenschaft(en), die sie dieses Ziel verfolgen lässt.
4. Beschreiben Sie Effis Gesprächsstrategie: Welche Schritte unternimmt sie, um ihr Ziel zu erreichen?
5. Erläutern Sie, warum ihre Strategie bei Innstetten keinen Erfolg hat.
6. Das Gespräch, in dem Luise von Briest ihrer Tochter den Verlobungsantrag Innstettens übermittelt, wird durch den Auftritt Briests und Innstettens abgebrochen, so dass Effi nicht mehr antworten kann (17,26–33). Das Gespräch zwischen Effi und ihrer Mutter, das Sie auf dem ARBEITSBLATT 6d analysiert haben, endet ebenfalls, ohne dass Effi noch einmal Gelegenheit zur Antwort hätte, weil Wilke Briefe bringt (32,8 f.). Und auch das gerade betrachtete Gespräch zwischen Effi und Innstetten muss abgebrochen werden, weil diesmal Friedrich einen Brief von Gieshübler bringt, der sofort beantwortet werden muss (89,9–13).
   Halten Sie fest, welche Wirkung diese Gesprächsabbrüche auf Ihre Wahrnehmung von Effis Situation haben.

2023 Reclam Verlag / Joachim Hagner

7 »[D]ie Kugel war im Rollen, und was an einem Tage geschah, machte das Tun des andern zur Notwendigkeit.« (190,13–15) Verlauf, Ursachen und Folgen der Affäre Effis mit Crampas erkennen

Sachanalyse

Als Crampas in Effis Leben tritt, haben die Verhältnisse bereits dafür gesorgt, dass sie dem Major mehr als aufgeschlossen begegnet: Die Vergeblichkeit ihres Bemühens, insbesondere bei Innstetten eine Bejahung ihrer charakterlichen Bedürfnisse zu erreichen, die zunehmende Tristesse des Ehelebens und die quälende Langeweile, die Effi ja nach eigenem Bekunden »nicht aushalten kann« (34,2), lassen sie, wie es in einem Brief an ihre Mutter heißt, »dem neuen Bezirkskommandeur wie einem Trost- und Rettungsbringer entgegen[sehen]« (116,16 f.). Zwischen diesem Brief, den Effi Ende April 1879 schreibt, und ihrem ersten längeren Gespräch am 15. August, dem Tag von Annies Taufe, liegen zwar noch gut drei Monate, aber der Brief zeigt schon Effis Interesse an Crampas. Sie weiß nicht nur um seine persönlichen Verhältnisse, seinen Ruf als »Damenmann« (117,2 f.) und ein Duell, das er deshalb hatte. Sondern sie hat ihn in einem kurzen Gespräch auch als »[v]ollkommene[n] Kavalier, ungewöhnlich gewandt« (117,19 f.), empfunden und bedauert, dass der erhoffte Umgang mit dem Major wegen seiner eifersüchtigen Frau wohl nicht möglich sein wird. In dem Gespräch am 15. August lässt sie sich denn auch auf Crampas' Galanterien ein und spricht in seiner Gegenwart ganz offen über etwas eher Intimes wie ihre Freude auf das Wiedersehen mit Hohen-Cremmen. Wenn Crampas dann am 27. September auf die Veranda tritt, signalisiert der Text unübersehbar, welche Rolle er einnehmen wird, denn er kommt auf das Stichwort »Don Juan oder Herzensbrecher« (137,26 f.), mit dem ausgerechnet Innstetten unmittelbar zuvor Pastor Niemeyer verglichen hatte. Effis Herz wird Crampas zwar nicht brechen, weil sie ihn zu keiner Zeit liebt (309,34–310,1), aber er wird ihr Bedürfnis nach »Zerstreuung« (33,35) bedienen und ihr das Gefühl der Bejahung ihrer Persönlichkeit mit all ihren Facetten vermitteln, das ihr Mann ihr nicht geben kann.

Dass Crampas in der Annäherung an Effi initiativ wird und diese Annäherung im Rückgriff auf seine einschlägigen Erfahrungen und seine literarische Bildung ausgesprochen geschickt betreibt, darf dabei nicht darüber hinwegtäuschen, dass er für Effi nur diese Funktion hat, die ein anderer Mann mit seinen Eigenschaften genauso gut hätte übernehmen können. Wie die anderen Personen und die Symbole des Romans vor allem dazu da sind, Effis Leben und Seelenleben sichtbar zu machen, so ist auch Crampas nur ein Spiegel der charakterlichen Bedürfnisse Effis in einer bestimmten Lebensphase. Von seiner Persönlichkeit werden entsprechend nur die Facetten beleuchtet, die in diesem Zusammenhang von Interesse sind, während alle anderen im Dunkeln bleiben. Und dass Effi ihn »vergessen hat[]« (309,35 f.), als sie in eine andere Phase ihres Lebens eingetreten ist, erscheint vor diesem Hintergrund folgerichtig.

In Kessin dagegen hat er für sie eine wichtige Funktion, und gleich in dem Gespräch auf der Veranda wird deutlich, weshalb er dafür geeignet ist: Dass er Ende September noch im Meer gebadet hat (137,28–138,10), zeigt nämlich einen Hang zum Risiko, den er mit Effi teilt. Und diese Affinität macht sich auch bemerkbar, wenn Crampas genauso leichthin über den Tod durch »den Strick« (138,26) oder den ihm prophezeiten »ehrlichen Soldatentod« (139,4 f.) spricht wie Effi im Spiel mit ihren Kindheitsfreundinnen übermütig über das Ertränken untreuer Frauen parliert hatte (13,25–28). Auch was ihr Bedürfnis nach Zerstreuung angeht, hat sie etwas mit dem Major gemeinsam, der ausdrücklich feststellt, dass »Abwechslung […] des Lebens Reiz« (140,20) sei. Dass diese Gemeinsamkeit Innstetten gegenüber bereits etwas Ausgrenzendes hat, zeigt sich, wenn Effi mit Blick auf die von Gieshübler vorgeschlagenen Ressourcenabende, die eben solche Zerstreuung oder Abwechslung bringen sollen, feststellt, ihr Mann habe »keinen Sinn für dergleichen« (140,3 f.). Effi und Crampas bringt das Vorhaben dagegen einander näher, und der Major nutzt, wie später noch öfter, das Medium der Literatur für Anspielungen auf seine eigentlichen Absichten. Wenn er z. B. Effi vorschlägt: »Sie die Euphrosine, ich der alte Goethe« (140,32 f.), dann deutet er damit nur Bewunderung und bestenfalls Zuneigung an. Mit dem Vorschlag aber, dass man Ernst Wicherts Lustspiel *Ein Schritt vom Wege* aufführen und Effi darin die Ella von Schmettwitz spielen könnte, sinnt er ihr bereits die Rolle einer Ehebrecherin an. Dass das Lustspiel einen versöhnlichen Ausgang nimmt, hätte Effi dabei als Hinweis darauf verstehen können, dass Seitensprünge keineswegs katastrophale Folgen haben müssen. Doch es wird nicht klar, ob sie diesen Hinweis zu dem Zeitpunkt bereits versteht. Was sie dagegen sofort versteht, ist die Bedeutung der Tatsache, dass Crampas nicht die Rolle des Arthur von Schmettwitz übernehmen, sondern Regie führen will. Denn durch die Übernahme dieser Rolle hätte er sich ebenfalls in die fiktive Sphäre begeben, während er als Regisseur eine Rolle in der Wirklichkeit spielt, und was das für sie bedeuten könnte, sieht Effi ganz klar: »[D]er Major hat so was Gewaltsames, er nimmt einem die Dinge gern über den Kopf fort. Und man muss dann spielen, wie er will, und nicht, wie man selber will.« (161,29–32) Grundsätzlich ist Effi aber von dem Vorschlag der Aufführung begeistert, zumal sie die von ihrem Mann begonnene »Rekapitulation« (160,7) der Hochzeitsreise an sogenannten »italienischen Abenden« (161,2 f.) beendet: Denn »Effi war nicht für Aufgewärmtheiten; Frisches war es, wonach sie sich sehnte, Wechsel der Dinge« (161,12 f.), und so zeigt sich erneut, dass Crampas Effi in wesentlichen Hinsichten näher ist als ihr Mann.

Einen entscheidenden Schritt in seiner Annäherung war der Major allerdings schon etwas früher vorangekommen. Denn bei einem der gemeinsamen Ausritte von Effi, Innstetten und Crampas hatte sich zunächst noch einmal die größere Wesensnähe zwischen Effi und dem Major gezeigt, als dieser zu Effis Begeisterung eine Robbenjagd vorgeschlagen hatte, die Innstetten jedoch unter Verweis auf deren Ungesetzlichkeit abgelehnt hatte (143,19–144,8). Als Effi dann etwas später allein mit dem Major ausreitet, unterstellt dieser Innstettens unentschiedener Haltung zu dem Chinesen(-Spuk) eine erzieherische Absicht (149,1–17), und damit bringt er Effi nicht nur gegen ihren Mann auf – er erreicht vielmehr auch, dass sie zum ersten Mal absichtlich etwas vor diesem verheimlicht, was sie mit Crampas teilt. Damit ist der Damm ein für alle Mal gebrochen, der bis dahin die Ehe von Effi und Innstetten vor bewussten Heimlichkeiten, Täuschungen und Lügen geschützt hatte, und in der Folge nimmt Effi, obwohl ihr das wesenhaft zuwider ist (190,1 f.; 245,34–246,1), immer wieder Zuflucht zum »Lügenspiel« (246,6), und zwar nicht nur vor ihrem Mann, sondern »vor aller Welt, im Großen und im Kleinen« (246,2 f.).

Die Rede vom »Lügenspiel« und besonders die frühere vom »versteckte[n] Komödienspiel« (190,2), als das Effi die Verheimlichung ihrer Treffen mit Crampas bezeichnet, ordnet die Affäre mit dem Major dem Drama zu. Dass der Begriff der Komödie immer wieder als Synonym für Verstellung (193,17) und Täuschung (224,31–33) gebraucht wird, macht dabei deutlich, dass er nicht in erster Linie zur Bezeichnung der heiteren Spielart des Dramas gebraucht wird, so dass die Affäre mit Crampas genauso gut als Tragödie innerhalb des Romans gelesen werden kann.

Deren Höhepunkt ist zweifellos die Schlittenfahrt von Uvagla zurück nach Kessin durch eine symbolisch aufgeladene Landschaft, in der es dann auch zur körperlichen Annäherung oder, deutet man das Finger-Lösen durch Crampas (181,17–19) sexuell: sogar zur Vereinigung kommt. Von da an geht es bergab: Denn was vorher noch den Charakter einer »überstandenen Gefahr« (159,20) hatte, ist jetzt tatsächlich geschehen, und da Effi Crampas nicht liebt, löst das vorläufige Scheitern ihres Bemühens, dem gesellschaftlichen Rollenleitbild und den Vorstellungen ihres Mannes zu entsprechen, Schuldgefühle (185,20–23; 189,23–35; 198,28–199,17) und Ängste aus. Die Katastrophe läuft für Effi auf ihre Verstoßung durch Innstetten und zunächst auch ihre Eltern, die Entfremdung von ihrer Tochter und den Verlust ihrer gesellschaftlichen Stellung hinaus. Für Innstetten bedeutet sie den Verlust seiner Glücksmöglichkeiten und zersetzende Zweifel an der Bedeutung der gesellschaftlichen Reputation und seiner beruflichen Tätigkeit. Die resignative Haltung, die er – genau wie Wüllersdorf – am Ende einnimmt, macht dabei deutlich, dass die Gesellschaft und das Staatswesen im Preußen Wilhelms II. keine sinnstiftende Funktion mehr haben, und insofern steht Innstettens Haltung quer zu dem weltbeglückerischen Hurra-Patriotismus dieser Zeit.

Unterrichtsverlauf

Überblick. Ziel dieser Unterrichtseinheit ist das Verstehen der Ursachen für die Affäre mit Crampas, ihres Verlaufs und ihrer Folgen für Effi und Innstetten. Dazu werden zunächst die inneren und äußeren Voraussetzungen erarbeitet, die auf Effis Seite der Affäre den Boden bereiten. Anschließend werden die Gründe für die Attraktivität erarbeitet, die Crampas in Effis Augen haben könnte. Mithilfe des Pyramiden-Modells des klassischen Dramas der geschlossenen Form wird dann der Verlauf der Affäre bestimmt, und zuletzt erschließt sich die Lerngruppe deren Folgen für Effi und Innstetten.

Phase	Thema	Sozialform	Kompetenzen und Lernziele	Materialien
Voraussetzungen: Kenntnis des Romans				
7.1	Erschließung der inneren und äußeren Voraussetzungen der Affäre	PA / EA	• Die Lerngruppe erkennt in Effis Zerstreuungsbedürfnis, ihrem Wunsch nach Bejahung ihrer Persönlichkeit und ihrer erotischen Sensibilität auf der einen und der Kessiner Langeweile und Innstettens Lieblosigkeit auf der anderen Seite die inneren und äußeren Voraussetzungen für die Affäre	ARBEITSBLATT 7a ➤ S. 83
7.2	Vorstellung und Diskussion der Ergebnisse	UG	• Die Lerngruppe versteht, dass die zunehmende Nähe zwischen Effi und Crampas die Ausgrenzung von Innstetten bedeutet	ARBEITSBLATT 7a ➤ S. 83 VORLAGE 7a ➤ S. 75
7.3	Erschließung des pyramidalen Strukturmodells des klassischen Dramas der geschlossenen Form nach Gustav Freytag	EA	• Die Lerngruppe bestimmt Verständnisfragen bezüglich des Pyramidenmodells	ARBEITSBLATT 7b ➤ S. 84 f.
7.4	Präsentation und Besprechung der Resultate	UG	• Die Lerngruppe kann das Pyramidenmodell und seine Elemente erläutern	ARBEITSBLATT 7b ➤ S. 84 f.
7.5	Strukturierung der Affäre von Effi und Crampas mithilfe des Pyramidenmodells	GA	• Die Lerngruppe erkennt, dass die Affäre von Effi und Crampas alle Elemente eines klassischen Dramas aufweist	ARBEITSBLATT 7b ➤ S. 84 f.
7.6	Vorstellung und Diskussion der Ergebnisse	UG	• Die Lerngruppe versteht den Verlauf der Affäre von Effi und Crampas und deren einzelne Phasen	ARBEITSBLATT 7b ➤ S. 84 f. VORLAGE 7b ➤ S. 77
7.7	Erschließung der Funktion der Beschreibung des Schloons (178,8–33) und des Waldes (180,34–181,23)	GA	• Die Lerngruppe kann begründend dem Schloon eine charakterisierende und eine symbolische Funktion als Raum zuweisen, den Wald als Akteur bestimmen und beider Beitrag zur Spannungssteigerung und zur atmosphärischen Verdichtung erläutern	ARBEITSBLATT 7c ➤ S. 86 f.
7.8	Präsentation und Besprechung der Resultate	UG	• Die Lerngruppe gelangt zu der Einsicht, dass Interpretieren zu einem Gutteil die Ermittlung möglicher Gründe für Gestaltungsentscheidungen bedeutet	ARBEITSBLATT 7c ➤ S. 86 f. VORLAGE 7c ➤ S. 78 VORLAGE 7d ➤ S. 78 VORLAGE 7e ➤ S. 78
7.9	Bestimmung der Folgen der Affäre für Effi in Kessin	EA / PA	• Die Lerngruppe kann die positiven und negativen Folgen der Affäre für Effi angeben und gewichten	ARBEITSBLATT 7d ➤ S. 88
7.10	Vorstellung und Diskussion der Ergebnisse	UG	• Die Lerngruppe gelangt zu der Einsicht, dass Effi am Ende ihrer Kessiner Zeit ein Übergewicht an negativen Folgen ihrer Affäre mit Crampas feststellen würde	ARBEITSBLATT 7d ➤ S. 88 VORLAGE 7f ➤ S. 79
7.11	Feststellung der Folgen der Affäre für Innstetten	EA / PA	• Die Lerngruppe erkennt in der Gesellschaft den ausschlaggebenden Grund für Innstettens Entscheidung für das Duell	ARBEITSBLATT 7e ➤ S. 89 f.
7.12	Präsentation und Besprechung der Resultate	UG	• Die Lerngruppe gelangt zu einer begründeten Bewertung von Innstettens Entscheidung	ARBEITSBLATT 7e ➤ S. 89 f.

7.13	Erarbeitung der Bewertung des Duells und seiner Folgen durch Innstetten	GA	• Die Lerngruppe versteht, warum das Duell und die Trennung von Effi für Innstetten den Verlust seines Lebensglücks bedeuten	ARBEITSBLATT 7e ➤ S. 89 f.
7.14	Vorstellung und Diskussion der Ergebnisse	UG	• Die Lerngruppe kann erklären, weshalb Innstetten kein Glück finden kann und warum er und Wüllersdorf die beginnende Zersetzung der gesellschaftlichen Ordnung ihrer Zeit repräsentieren	ARBEITSBLATT 7e ➤ S. 89 f. VORLAGE 7g ➤ S. 81

7.1 Erschließung der inneren und äußeren Voraussetzungen der Affäre

PA / EA

Unterrichtsschritt. Die Lerngruppe bearbeitet in Partnerarbeit den Arbeitsauftrag 1 und in Einzelarbeit den Arbeitsauftrag 2 auf dem ARBEITSBLATT 7a ***Die Affäre mit Crampas: Innere und äußere Voraussetzungen.***

ARBEITSBLATT 7a ➤ S. 83

7.2 Vorstellung und Diskussion der Ergebnisse

UG

Unterrichtsschritt. Die Resultate der Einzel- bzw. Partnerarbeit werden präsentiert, besprochen und dann auf dem ARBEITSBLATT 7a (Arbeitsauftrag 1) bzw. in Gestalt der VORLAGE 7a ***Crampas' Attraktivität*** (Arbeitsauftrag 2) an der Tafel oder in einem entsprechenden digitalen Medium gesichert.

Nach der Sicherung bespricht die Lerngruppe folgende *weiterführende Fragen*:

1. Was bedeutet die zunehmende Nähe zwischen Effi und Crampas für Innstetten?
2. Haben Sie den Eindruck, dass Innstetten hier unter seiner Ausgrenzung leidet?

ARBEITSBLATT 7a ➤ S. 83
VORLAGE 7a ➤ S. 75

VORLAGE 7a

Crampas' Attraktivität

Was Crampas in Effis Augen vor allem attraktiv macht, ist die Wesensverwandtschaft, die sich in bestimmten Bereichen zwischen den beiden zeigt. So machen das Baden im herbstkalten Wasser (137,29 f.) oder der Vorschlag einer ungesetzlichen Robbenjagd (143,30 f.) deutlich, dass auch der Major Effis Hang zu Risiko und Gefahr teilt. In seinem leichtfertigen Sprechen über den Tod durch den Strick (138,25 f.) zeigt sich der gleiche Übermut wie in Effis beiläufigem Plaudern über das Ertränken untreuer Frauen. Außerdem macht Crampas' Ausspruch: »Abwechslung ist des Lebens Reiz« (140,20) deutlich, dass ihm Zerstreuung genauso wichtig ist wie Effi (161,11–13). Die kaum versteckten Äußerungen seines Begehrens (140,32 f.; 158,9–35), die Effi erkennt (161,14–16; 161,25–32), dürften dann ihrer erotischen Sensibilität entgegenkommen, und vor allem wird ihr die Wesensverwandtschaft mit Crampas, die sie bemerken muss, Hoffnung auf die Bejahung ihrer Persönlichkeit machen.

Erläuterungen zu ARBEITSBLATT 7a. *Arbeitsauftrag 1:* Die Lerngruppe muss ihre Erkenntnisse über Effis charakterliche Bedürfnisse und die Schwierigkeiten der Ehe mit Innstetten funktionalisieren, die für das Verständnis der Affäre insgesamt wichtig sind. Auf dieser Grundlage kann sie dann über die Analyse der ausgewählten Textstellen zu folgenden Resultaten gelangen:

Innere Voraussetzungen	Äußere Voraussetzungen
Effis Zerstreuungsbedürfnis	Die Langeweile des Kessiner Lebens
Effis Wunsch nach Bejahung ihrer Persönlichkeit	Innstettens Unfähigkeit, Effis Persönlichkeit zu bejahen
Effis erotische Sensibilität	Innstettens erotische Anspruchslosigkeit

Zu den vertiefenden Fragen: 1. Bei der Frage nach der Bedeutung der Nähe zwischen Effi und Crampas für Innstetten kommt es auf die Einsicht an, dass Innstetten durch diese Nähe als Langweiler (140,3 f.), Prinzipienreiter (144,5–8) und trockener Mensch ausgegrenzt wird. Diese Ausgrenzung bei gleichzeitig zunehmender Nähe zwischen Effi und dem Major hilft zu verstehen, inwiefern das vor Innstetten verheimlichte Gespräch über die Motive für seine unentschiedene Haltung zum Chinesen(-Spuk) diese Ausgrenzung verstärkt und insofern dramentheoretisch die steigende Handlung ausmacht.

2. Tatsächlich bemerkt Innstetten die Ausgrenzung zu diesem Zeitpunkt kaum oder er reagiert mit einer Verteidigung seines Standpunkts (144,11–19), die von dem Bewusstsein von dessen Überlegenheit getragen ist. Leidvoll wird diese Ausgrenzung für ihn bis zum Auffinden der Briefe nur für ganze kurze Momente, wenn ihm dämmert, dass er etwas nicht bemerkt haben könnte – doch in solchen Fällen gelingt es ihm stets, sich wieder zu beruhigen (205,14–25).

7.3 Erschließung des pyramidalen Strukturmodells des klassischen Dramas der geschlossenen Form nach Gustav Freytag

EA

Unterrichtsschritt. Die Lerngruppe bearbeitet in Einzelarbeit den Arbeitsauftrag 1 auf dem ARBEITSBLATT 7b *Die Affäre mit Crampas: Der Verlauf.*

ARBEITSBLATT 7b
➤ S. 84 f.

Erläuterungen. Das Pyramidenmodell des klassischen Dramas ermöglicht eine differenziertere Strukturierung dieser Affäre als das Drei-Akt-Schema von Syd Field, mit dem die Lerngruppe sich in der vierten Unterrichtseinheit den Aufbau des gesamten Romans erschlossen hat. Mit seiner Hilfe wird außerdem einsichtig, dass die »Ehebruchsgeschichte« (WSB I.4: S. 711) einer eigenen Dramaturgie folgt, die erst über die Auffindung der Briefe wieder mit der des Romans zusammengeführt wird.

Wenn die Schülerinnen und Schüler sich nie zuvor mit einem Drama der geschlossenen Form befasst haben, sollte das Verständnis des Pyramidenmodells dabei durch die Veranschaulichung seiner Elemente anhand eines Films gesichert werden, den möglichst die gesamte Lerngruppe kennt. Dies können die Filme sein, die bereits im Unterrichtsschritt 4.2 zur Veranschaulichung des Schemas von Syd Field gedient haben.

7.4 Präsentation und Besprechung der Resultate

UG

Unterrichtsschritt. Verständnisfragen zum pyramidalen Strukturmodell des klassischen Dramas der geschlossenen Form werden geklärt (ARBEITSBLATT 7b, Arbeitsauftrag 1).

ARBEITSBLATT 7b
➤ S. 84 f.

Erläuterungen. Eine Zwischensicherung ist hier unverzichtbar, da die Erfassung des Verlaufs der Affäre von Effi und Crampas mithilfe des Pyramidenmodells nur gelingen kann, wenn die Lerngruppe zu einem vertieften Verständnis seiner Elemente gelangt ist.

GA

ARBEITSBLATT 7b
➤ S. 84 f.

7.5 Strukturierung der Affäre von Effi und Crampas mithilfe des Pyramidenmodells

Unterrichtsschritt. Die Lerngruppe bearbeitet in Gruppenarbeit den Arbeitsauftrag 2 auf dem ARBEITSBLATT 7b.

7.6 Vorstellung und Diskussion der Ergebnisse

UG

ARBEITSBLATT 7b
➤ S. 84 f.
VORLAGE 7b
➤ S. 77

Unterrichtsschritt. Die Ergebnisse der Gruppenarbeit zu ARBEITSBLATT 7b, Arbeitsauftrag 2 werden vorgestellt, diskutiert und dann in Gestalt der VORLAGE 7b ***Die Affäre Effi – Crampas im Pyramidenmodell*** an der Tafel oder in einem entsprechenden digitalen Medium gesichert.

Erläuterung. Die Besprechung der Resultate dürfte sich in den meisten Lerngruppen zeitaufwändig gestalten. So wird z. B. die Frage nach dem retardierenden Moment erfahrungsgemäß unterschiedlich beantwortet, da Schülerinnen und Schüler vor dem Hintergrund des alltagssprachlichen Gebrauchs des Begriffs »Moment« zunächst zögern werden, einen knapp fünfzig Seiten umfassenden Abschnitt des Romans als ein Moment zu betrachten. Für eine intensive Diskussion der einzelnen Vorschläge sollte deshalb eine Einzelstunde angesetzt werden. Diese Diskussion bewirkt aber ein vertieftes Verständnis des Verlaufs der Affäre und ihrer einzelnen Phasen, während

VORLAGE 7b

Die Affäre Effi – Crampas im Pyramidenmodell

1. Akt	erregendes Moment	2. Akt	3. Akt	4. Akt	retardierendes Moment	5. Akt
Von Effis Brief an ihre Mutter von Ende April 1879 (116,3–117,27) bis zum Ende der Ausritte mit Innstetten (116,3–145,5)	Crampas' Deutung von Innstettens unentschiedener Haltung zum Chinesen(-Spuk) als »erzieherisch« (149,5) (147,33–149,23)	Effi und Crampas kommen einander näher (149,24–174,6)	Die Schlittenfahrt von Uvagla nach Kessin (174,7–181,28)	Die heimlichen Treffen mit Crampas und deren Auswirkungen auf Effi (181,29–214,5)	Effis Berliner Zeit bis zur Entdeckung der Briefe (215,1–261,35)	Das Duell, Crampas' Tod, Effis Verstoßung und Ende (262,1–333,13)

sonst häufig überlesen wird, dass etwa nach dem Höhepunkt auf dem Rückweg von Uvagla die negativen Auswirkungen auf Effi immer stärker werden. Insofern schafft diese Diskussion auch eine Grundlage für die anschließende Bestimmung der Folgen der Affäre für Effi.

7.7 Erschließung der Funktion der Beschreibung des Schloons (178,8–33) und des Waldes (180,34–181,23)

GA

Unterrichtsschritt. Die Lerngruppe bearbeitet die Arbeitsaufträge auf dem ARBEITSBLATT 7c ***Die Affäre mit Crampas: Der Höhepunkt.***

ARBEITSBLATT 7c ➤ S. 86 f.

7.8 Präsentation und Besprechung der Resultate

UG

ARBEITSBLATT 7c ➤ S. 86 f.
VORLAGE 7c ➤ S. 78
VORLAGE 7d ➤ S. 78
VORLAGE 7e ➤ S. 78

Unterrichtsschritt. Die Resultate der Gruppenarbeit zu ARBEITSBLATT 7c werden präsentiert, besprochen und dann in der Gestalt der VORLAGE 7c ***Die Eigenschaften des Schloons*** (zu Arbeitsaufträgen 1 und 2), frei (zu Arbeitsaufträgen 3 und 4) und entsprechend der VORLAGE 7d ***Die Weglass-Probe*** (zu Arbeitsauftrag 5) bzw. an der Tafel oder in einem entsprechenden digitalen Medium gesichert.

Im Anschluss an die Sicherung der Ergebnisse erarbeitet sich die Lerngruppe gemeinsam ein Verständnis von Interpretieren.

Dazu wird sie zunächst aufgefordert, noch einmal die Schritte zu rekapitulieren, die sie am Ende zu der Beurteilung des Beitrags der Beschreibung des Schloons und des Waldes geführt haben:

1. Bewusstmachung einer Frage oder eines Problems (»Welchen Beitrag leisten die beiden Beschreibungen zur Gestaltung der Schlittenfahrt als Höhepunkt?«)
2. Analyse des Textes unter dem Gesichtspunkt dieser Frage (Bestimmung der Eigenschaften des Schloons und Übertragung auf die Affäre; Ermittlung der Funktion des Schloons und des Waldes als Raum)
3. Beantwortung der Frage (Bestimmung des Beitrags der Beschreibungen durch die Ermittlung der Gründe für ihre Aufnahme in den Text mithilfe der Weglass-Probe)

Anschließend stellt die Lehrkraft heraus, dass die Weglass-Probe auf die Frage hinausläuft, warum an einer bestimmten Stelle im Text das steht, was dort steht, und es nicht weggelassen oder durch etwas anderes ersetzt wurde. Und sie hält fest, dass das zu einem Gutteil das Interpretieren eines Textes ausmacht (VORLAGE 7e ***Interpretieren***)

Zur Sicherung und Vertiefung dieses Interpretationsverständnisses prüft die Lerngruppe dann gemeinsam mit der Lehrkraft an Beispielen, ob es sich auf das übertragen lässt, was die Lerngruppe in den vorangegangenen Unterrichtseinheiten getan hat.

VORLAGE 7c

Die Eigenschaften des Schloons

Der »Schloon«	Die Affäre zwischen Effi und Crampas
ist ein Abgrund »im Kleinen« (178,13)	scheint unbedeutend, ist aber dennoch gefährlich
beginnt als »kümmerliches Rinnsal« (178,14), das im Winter zum »Sog« (178,21) werden kann	beginnt als harmloser Flirt und wird unter dem Einfluss von Innstettens Gefühlskälte für Effi zu einer unverzichtbaren Gewohnheit
ist etwas Unsichtbares (178,26 f.), »[U]nterirdisch[es]« (178,29)	entwickelt sich im Verborgenen
bewirkt, dass etwas, was nach einer »Sandstelle« (178,31 f.) aussieht, keine mehr ist	nötigt beide immer wieder dazu, andere zu täuschen
ist etwas, worin man versinken kann (178,32)	birgt die Gefahr, Effi ganz zu vereinnahmen
lässt einen nur mit Mühe »nach rückwärts« (179,30) wieder heraus	kann Effi nur durch das plötzliche Verlassen Kessins und die Rückkehr in ihre Ehe beenden

VORLAGE 7d

Die Weglass-Probe

Ohne den Schloon entfiele auf der Handlungsebene zunächst der Anlass für Crampas, zu Effi in den Schlitten zu steigen. Damit wäre in der Folge auch die Gelegenheit für die körperliche Annäherung oder Vereinigung der beiden entfallen, so dass die Schlittenfahrt nicht zum Höhepunkt der Affäre hätte werden können. Weil der Schloon außerdem die Affäre symbolisiert und Effi und Crampas in deren Kontext charakterisiert, ist die Affäre immer gegenwärtig, wenn von dem Schloon gesprochen wird: Ist man also auf die Entwicklung des Schloon-Problems gespannt, ist man gleichzeitig darauf gespannt, wie sich die Affäre weiter entwickeln wird. Neben einem entscheidenden Beitrag auf der Handlungsebene leistet die Beschreibung des Schloons damit einen wichtigen Beitrag zur Spannungssteigerung und zur atmosphärischen Verdichtung.

Fehlte die Beschreibung des Waldes und seiner Wirkung auf Effi (181,4–15; »Effi schrak zusammen […] auch nicht heraus.«), würde Crampas' geflüstertes »Effi« (181,16) und seine darauf folgende Annäherung unvermittelt wirken. Es fehlte die atmosphärische Anbahnung, die diese Annäherung im Anschluss an die Beschreibung des Waldes geradezu notwendig erscheinen lässt. Insofern trägt auch diese Beschreibung entscheidend zur Spannungssteigerung und zur atmosphärischen Verdichtung bei.

VORLAGE 7e

Interpretieren

Interpretieren bedeutet die Ermittlung möglicher Gründe für Gestaltungsentscheidungen: Wer interpretiert, stellt begründete Hypothesen darüber auf, was die Autorin oder den Autor dazu bewogen haben könnte, an einer bestimmten Stelle z. B. eine Figur eben das sagen zu lassen, was sie dort sagt, eine Landschaftsbeschreibung aufzunehmen und sie in einer bestimmten Weise zu gestalten, einen hypotaktischen Satzbau zu wählen statt eines parataktischen oder Anführungszeichen in einer bestimmten Weise zu setzen usw.

Die Grundlage des Interpretierens schafft dabei das Analysieren, das – in der Regel unter einer bestimmten Hinsicht – die Gestaltungen herausarbeitet, deren mögliche Gründe das Interpretieren dann ermittelt.

Erläuterungen zu ARBEITSBLATT 7c. *Arbeitsauftrag 3:* Im Schloon mischen sich verschiedene Funktionen des Raumes: Zum einen *charakterisiert* er Effi und Crampas im Zusammenhang mit ihrer Affäre, zum anderen *symbolisiert* er die Affäre selbst.

Arbeitsauftrag 4: Der Wald wirkt hier als *Akteur*. Denn die Verdunkelung durch die Baumkronen bewirkt bei Effi unmittelbar Erschrecken (181,4) und »Zittern« (181,7), als hätte diese Verdunkelung etwas in ihr ans Licht gebracht, was noch im Dunkeln lag, als »Licht um sie her gewesen« (181,5) war. Und dass es sich dabei um ihre Bereitschaft handelt, Crampas nachzugeben, wird an dem Ineinanderschieben der Finger und dem in ihr aufsteigenden Bild des betenden Mütterchens aus der *Gottesmauer* deutlich, durch das Effi sich vergeblich »Halt zu geben« (181,8) sucht. Der Wald belegt sie mit dem »Zauberbann« (181,15), aus dem sie dann nicht mehr herauswill.

7.9 Bestimmung der Folgen der Affäre für Effi in Kessin

EA / PA

Unterrichtsschritt. Die Lerngruppe bearbeitet in Einzelarbeit die Arbeitsaufträge 1 und 2 und in Partnerarbeit den Arbeitsauftrag 3 auf dem ARBEITSBLATT 7d ***Die Affäre mit Crampas: Die Folgen für Effi in Kessin.***

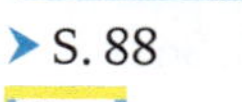
ARBEITSBLATT 7d ➤ S. 88

7.10 Vorstellung und Diskussion der Ergebnisse

UG

Unterrichtsschritt. Die Resultate der Einzel- und Partnerarbeit werden vorgestellt, besprochen und dann in Gestalt der VORLAGE 7f ***Die Affäre mit Crampas: Die Folgen für Effi in Kessin*** an der Tafel oder in einem digitalen Medium gesichert.

ARBEITSBLATT 7d ➤ S. 88

VORLAGE 7f ➤ S. 79

VORLAGE 7f

Die Affäre mit Crampas: Die Folgen für Effi in Kessin

Positive Folgen:
- Austausch mit einem teilweise wesensverwandten Menschen
- Zerstreuung
- Befriedigung der Eitelkeit
- erotische Zuwendung
- das Gefühl der Bejahung ihrer Persönlichkeit

Negative Folgen:
- Schuldgefühle (159,10–19; 19,5–12; 199,13 f.; 200,20–23; 204,15–17)
- die Empfindung einer beständigen Gefährdung (159,19–21)
- das Gefühl von Ausgeliefertsein (161,22–32) oder Ohnmacht (189,32–35; 190,13–15)
- Nötigung zu wesensfremden Handlungen (190,1 f.)
- Angst vor Entdeckung (199,13 f.; 204,17–20; 206,1–4)
- drohender Verlust ihrer Souveränität gegenüber Roswitha (199,14–17)

Rückblickende Beurteilung:
In der Rückschau käme Effi mit großer Wahrscheinlichkeit zu dem Ergebnis, dass die negativen Folgen die positiven bei weitem überwiegen: Der Austausch mit einem ihr teilweise wesensverwandten Menschen war stets von dem ohnmächtigen Gefühl begleitet, dass man »spielen [muss], wie er will, und nicht, wie man selber will« (161,31 f.). Die Befriedigung ihrer Eitelkeit und die erotische Zuwendung war für Effi nur um den Preis ständiger Schuldgefühle, eines »Komödienspiel[s]« (190,2), das ihr wesenshaft zuwider war, und der quälenden Angst vor Entdeckung zu haben. Und angesichts ihrer Unfähigkeit, sich etwas vorzumachen (190,4 f.), dürften sie angesichts von Crampas' »Regie«-Bestrebungen auch Zweifel an seiner Bejahung ihrer Persönlichkeit beschlichen haben. Denn wer jemanden vollständig bejaht, der will ihn nicht immer nach seinem Willen lenken.

EA / PA
ARBEITSBLATT 7e
➤ S. 89 f.
Lösungs-
hinweise
➤ S. 123
VORLAGE 7f
➤ S. 79

7.11 Feststellung der Folgen der Affäre für Innstetten

Unterrichtsschritt. Die Lerngruppe bearbeitet in Einzelarbeit den Arbeitsauftrag 1 und in Partnerarbeit die Arbeitsaufträge 2–4 auf dem ARBEITSBLATT 7e ***Die Affäre mit Crampas: Die Folgen für Innstetten.***

7.12 Präsentation und Besprechung der Resultate

UG
ARBEITSBLATT 7e
➤ S. 89 f.

Unterrichtsschritt. Die Ergebnisse der Einzel- und Partnerarbeit zu den Arbeitsaufträgen 1–4 auf ARBEITSBLATT 7e werden präsentiert, erläutert und dann in Gestalt der Lösungshinweise an der Tafel oder in einem digitalen Medium gesichert.

Als Zusammenfassung und Überleitung zum nächsten Arbeitsauftrag diskutiert die Lerngruppe dann die *weiterführende Frage*:

- Wie bewerten Sie Innstettens Entscheidungen?

Erläuterungen. Im Zusammenhang mit der Auswertung des Arbeitsauftrags 3 muss der Lerngruppe u. U. Innstettens Bewusstsein erläutert werden, Wüllersdorf gegenüber ein für alle Mal auf die Rolle desjenigen festgelegt zu sein, der eine Verletzung einfach hingenommen hat, damit sie verstehen kann, warum ihm dieses Bewusstsein unerträglich wäre: »Stellen Sie sich vor, ihre beste Freundin wüsste von ihnen, dass Sie trotz eines Seitensprungs ihres Partners mit ihm zusammengeblieben sind. Dann müssten Sie jedes Mal, wenn sie sich in Gegenwart dieser Freundin für das Verzeihen von Seitensprüngen einsetzen, davon ausgehen, dass ihre Freundin denkt: ›Die hat auch gute Gründe, so zu reden.‹ Und wenn Ihr Partner Ihnen im Beisein dieser Freundin seine Liebe bekennt, wäre Ihnen bewusst, dass ihre Freundin dieses Bekenntnis im Wissen um den Seitensprung nicht für voll nehmen könnte.«

Zur überleitenden Frage: In der Diskussion werden von der Verachtung der vermeintlichen Schwäche Innstettens, einer Verurteilung seiner gesellschaftlichen Rücksichten, von Unverständnis für sein mangelndes Vertrauen in seinen Freund und dem Vorwurf einer zu geringen Zuneigung zu Effi bis zum Verständnis für seine Haltung alle Positionen vertreten sein. Die Thematisierung der enormen Bedeutung, die ihr eigenes Image heute in den sozialen Netzwerken als ihrer jeweiligen Gesellschaft für Schülerinnen und Schüler hat, kann aber dazu beitragen, die Ablehnung von Innstettens Entscheidung zu verringern, und deutlich zu machen, dass diese Entscheidung sehr viel repräsentativer für das ist, was die meisten getan hätten, als es die Entscheidung gegen das Duell und die Trennung von Effi gewesen wäre.

GA
ARBEITSBLATT 7e
➤ S. 89 f.

7.13 Erarbeitung der Bewertung des Duells und seiner Folgen durch Innstetten

Unterrichtsschritt. Die Lerngruppe bearbeitet in Gruppenarbeit den Arbeitsauftrag 5 auf dem ARBEITSBLATT 7e.

7.14 Vorstellung und Diskussion der Ergebnisse

UG
ARBEITSBLATT 7e
➤ S. 89 f.
VORLAGE 7g
➤ S. 81

Unterrichtsschritt. Die Resultate der Gruppenarbeit zu Arbeitsauftrag 5 auf ARBEITSBLATT 7e werden präsentiert, besprochen und dann in Gestalt der VORLAGE 7g ***Innstettens Bilanz*** an der Tafel oder in einem entsprechenden digitalen Medium gesichert.

Im Anschluss an die Besprechung der alternativen Glückskonzepte diskutiert die Lerngruppe die folgenden *vertiefenden Fragen*:

1. Glauben Sie, dass Innstetten auf einem dieser Wege glücklich werden kann?
2. Hat die Katastrophe, in der die Affäre zwischen Effi und Innstetten endet, tatsächlich die Wiederherstellung der gesellschaftlichen Ordnung bewirkt, wie das die Dramentheorie vorgesehen hat?

Erläuterungen. *Arbeitsauftrag 5:* Die größte Herausforderung dürfte in der Aufforderung bestehen, die Gründe für Innstettens negative Bilanz in absteigender Folge nach ihrer Bedeutung zu ordnen. Insbesondere die Trennung von Effi wird die Lerngruppe entweder gar nicht oder an hinterer Stelle als Grund bestimmen, weil Innstetten weder die Trennung noch Effi selbst irgendwo erwähnt. Deshalb müssen gegebenenfalls im Unterrichtsge-

VORLAGE 7g

Innstettens Bilanz

Gründe:
- die Trennung von Effi (321,31–34; 322,14)
- die Einsicht in den geringen Glückswert und die fehlende Nachhaltigkeit des beruflichen Aufstiegs und von Ehren- und Gunstbezeugungen (320,31–321,21; 323,18 f.)
- die Fremdbestimmung durch die Gesellschaft (324,7–16) mit ihren schädlichen Folgen (323,33–35)
- das Unwahrhaftige des gesellschaftlichen Verkehrs (322,1–4; 322,11–13)
- das Fehlen authentischer Menschen in seinem Umfeld (322,14–21)

↓

»Mein Leben ist verpfuscht«

↓

Alternativen Innstetten:
- das »behagliche[] Abwickeln des ganz Alltäglichen« (321,24 f.) (321,23–29)
- eine berufliche Tätigkeit, die dem eigenen – erzieherischen – Wesen gemäß ist (321,22 f.; 323,20–24)
- ein Leben in einer ursprünglichen Gesellschaft ohne künstliche Umgangsformen und Ehrencodices (324,7–11)

Alternativen Wüllersdorf:
- die Bejahung des »fragwürdige[n]« (324,30) Charakters des Lebens (324,28–35)
- das Glück im »Kleinen und Kleinsten« (325,1) (325,1–5)
- der Vergleich mit Menschen, denen es noch schlechter geht (325,5–10)
- Zerstreuung (325,13–15; 326,2–9) und Betäubung (325,16; 325,33 f.) = »Hülfskonstruktionen« (325,20)

spräch die beiden Textstellen 321,31–34 und 322,14 gründlich ausgefragt werden: Was, wenn nicht die gemeinsame Zeit mit Effi, könnte mit dem Glück gemeint sein, von dem Innstetten 321,33 f. feststellt, dass es dieses »gebe, dass er es gehabt, aber dass er es nicht mehr habe und nicht mehr haben könne«? Da Innstetten, wie er hier ganz nüchtern feststellt, weder sich selbst – »und mein Schulmeistertum, was ja wohl mein Eigentlichstes ist« (323,22 f.) – noch die Schwerpunktsetzung in seinem Leben verändert hat, kann von beidem nicht gesagt werden, dass er es hatte und jetzt nicht mehr hat. Vor allem gilt ihm hier seine eigene Persönlichkeit genauso wenig als Glücksquelle wie sein berufliches Fortkommen, und insofern kann hier nur von seiner Ehe mit Effi die Rede sein. Weil der Grund von Innstettens negativer Bilanz aber der gänzliche Mangel an Glück ist, muss der wichtigste Grund für diese Bilanz das sein, was für den Mangel ursächlich ist, und dafür kommt nur die Trennung von Effi in Betracht. Dass sie selbst nicht mit einem Wort erwähnt wird, unterstreicht dabei nur, wie vollständig Innstettens Glücksaussichten durch die Trennung von ihr zerstört sind: Effi ist genauso außerhalb seiner Sphäre wie das Glück. Auch seine Feststellung, dass jetzt alles »leer und öde« (322,14) ist, lässt sich sinnvoll nur auf die Abwesenheit von Effi beziehen, da sie, von Roswitha abgesehen, die und das einzige ist, was Innstetten nicht mehr hat.

Zu den weiterführenden Fragen: 1. Die Beantwortung der Frage nach Innstettens Glück hängt davon ab, für wie veränderlich die Schülerinnen und Schüler charakterliche Eigenschaften jeweils halten. Immerhin ist Innstetten zu der Einsicht gelangt, dass sein bisheriger Lebensentwurf sich nicht bewährt hat, und dergleichen Einsichten können durchaus Anlass für Veränderungen sein. Ob Innstetten allerdings jemals sein karrieristisches Bedürfnis oder das nach Anerkennung wird unterdrücken können, ist fraglich, und vor allem müsste er, um z. B. Wüllersdorfs Glück »im Kleinen und Kleinsten« (325,1) finden zu können, phantasievoller oder wenigstens weniger nüchtern sein als er ist. Er müsste Charaktereigenschaften verändern oder ablegen, die seine Persönlichkeit prägen, und das gelingt kaum jemandem, so dass er am Ende wohl nichts ändern, sondern »hierbleiben und Resignation üben« (324,28) oder »[i]n der Bresche stehen und aushalten [wird], bis man fällt« (324,34 f.).

2. Zur Frage nach der Wiederherstellung der gesellschaftlichen Ordnung: Aus Sicht der Gesellschaft, in der Effi und Innstetten leben, ist das sicher der Fall. Durch das Duell konnte Innstetten seine Ehre wiederherstellen, und

wie wichtig das dieser Gesellschaft war, zeigt sich nicht zuletzt daran, dass der Minister »alles, was geschehen, in der Ordnung« (274,30) findet. Indem Innstetten sich außerdem von Effi trennt und ihr Annie vorenthält, bekommt auch die untreue Frau die Strafe, die sie in den Augen der Gesellschaft verdient hat. Entsprechend mag selbst die Effi wohlgesonnene Ministerin als hohe Repräsentantin dieser Gesellschaft nicht ausschließen, dass Innstetten in seinem Bemühen, »das Kind von der Mutter fernzuhalten« (304,19 f.) am Ende »recht hat« (304,21). Auf der individuellen Ebene kann von einer Wiederherstellung der Ordnung dagegen keineswegs gesprochen werden: Bei Innstetten haben die katastrophalen Folgen des gesellschaftlich Gebotenen erheblichen Zweifel an diesen Geboten und dem tyrannischen »Gesellschafts-Etwas« (265,13 f.) insgesamt sowie dem beruflichen Fortkommen bewirkt, und auch wenn der Roman ihn nach dem Gespräch mit Wüllersdorf abtreten lässt, darf man sich ihn als eher skeptisches Mitglied einer Gesellschaft vorstellen, das sich resigniert ihren Gesetzen unterwirft, ohne sie noch für sinnvoll zu halten. Wüllersdorf, der sich das Ministerium auch schon einmal ganz »schenk[t]« (325,31), und die Notwendigkeit von »Hülfskonstruktionen« (325,20) betont, wo man im Leben noch Sinn und Glück finden will, ist auf diesem Weg schon einen großen Schritt weiter. Wenn aber zwei hohe preußische Beamte ihrem Staat, der Gesellschaft und deren Reglement mit einer derartigen Skepsis begegnen, dann kann von einer Wiederherstellung der gesellschaftlichen Ordnung nicht die Rede sein. Eher ist es ihre beginnende Zersetzung, die sich hier zeigt.

ARBEITSBLATT 7a

Die Affäre mit Crampas: Innere und äußere Voraussetzungen

Arbeitsaufträge:

Als Effi nach dem Besuch ihrer Tochter in Berlin auf die Affäre mit Crampas zurückblickt, stellt sie fest, dass sie ihn »nicht einmal liebte« (309,35) und dass sie ihn deshalb auch »vergessen hatte« (309,35 f.).

Klären Sie, was dazu geführt haben könnte, dass Sie sich dennoch auf die Affäre eingelassen hat.

1. Bestimmen Sie im Rückgriff auf
   - Ihre Kenntnisse von Effis charakterlichen Bedürfnissen
   - die Überlegungen zu den Schwierigkeiten ihrer Ehe mit Innstetten
   - und durch die Analyse der folgenden Textstellen,

   welche inneren und äußeren Voraussetzungen für die Affäre auf Effis Seite vorhanden waren.

> »Liebe kommt zuerst, aber gleich hinterher kommt Glanz und Ehre, und dann kommt Zerstreuung – ja, Zerstreuung, immer was Neues, immer was, dass ich lachen oder weinen muss. Was ich nicht aushalten kann, ist Langeweile.« (33,33–34,2)

> »Um zehn war Innstetten dann abgespannt und erging sich in ein paar wohlgemeinten, aber etwas müden Zärtlichkeiten, die sich Effi gefallen ließ, ohne sie recht zu erwidern.« (115,7–10)

> »Wenn sie so zurückblickte, der Trippelli-Abend bei Gieshübler und dann der Silvesterball, ja, das ging, das war etwas Hübsches gewesen; aber die Monate, die dann gefolgt waren, die hatten doch viel zu wünschen übrig gelassen, und vor allem waren sie so monoton gewesen, dass sie sogar mal an die Mama geschrieben hatte: ›Kannst Du Dir denken, Mama, dass ich mich mit unsrem Spuk beinah ausgesöhnt habe? […]‹« (115,15–22)

Innere Voraussetzungen	Äußere Voraussetzungen

2. Legen Sie auf der Grundlage der Textausschnitte Reclam XL 137,28–140,22, 143,19–144,8 und 158,9–161,34 in einem Fließtext dar, was Crampas in Effis Augen attraktiv machen könnte.

   Belegen Sie Ihre Darlegungen durch Textverweise (mit Seiten- und Zeilenangaben), sofern Sie sich auf diese Textausschnitte beziehen.

2023 Reclam Verlag / Joachim Hagner

Die Affäre mit Crampas: Der Verlauf

Arbeitsaufträge:
Effi bezeichnet die Verheimlichung ihrer Treffen mit Crampas als »verstecktes Komödienspiel« (190,2) und ihr Verhalten während der Affäre insgesamt als »Lügenspiel« (246,6). Das verweist auf die Möglichkeit, die Affäre als Drama innerhalb des Romans zu verstehen, und legt nahe, ihren Verlauf mithilfe der Struktur des klassischen Dramas der geschlossenen Form zu erfassen.

Die Pyramidenstruktur des klassischen Dramas (nach Gustav Freytag, 1863):

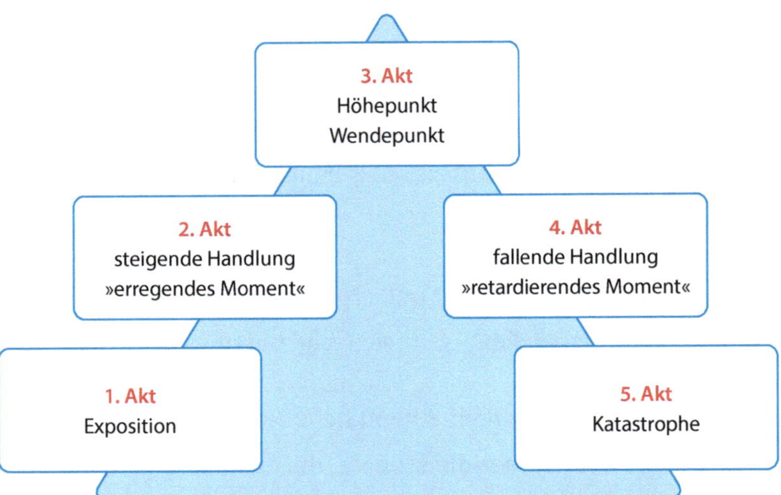

1. Lesen Sie die folgenden Erläuterungen und notieren Sie sich mögliche Verständnisfragen.

Exposition: Im ersten Akt des Dramas die Einführung in u.a. die Ausgangssituation, Figuren und Konflikte, die das Verständnis der Handlung ermöglicht. Die Exposition kann ausdrücklich auch auf die Zeit vor dem Einsetzen der Handlung Bezug nehmen.
Erregendes Moment: Eine Äußerung, Entscheidung oder Handlung einer der Hauptfiguren oder ein Ereignis, das den Übergang von der Einleitung zu der auf den Höhepunkt zulaufenden steigenden Handlung herbeiführt, indem es den dramatischen Konflikt und die Spannung auslöst.
Steigende Handlung: Die Entwicklung des Konflikts im zweiten Akt, die mit einer Spannungszunahme verbunden ist.
Höhe- bzw. Wendepunkt: Mit dem Erreichen des Höhepunkts ist im klassischen Drama in der Regel eine Wendung in der Handlung verbunden: Sah es bis dahin so aus, als könnte eine Hauptfigur z.B. ein bestimmtes Ziel erreichen, zeigt sich von diesem Punkt an, dass sie sich geirrt hat.
Fallende Handlung: Verlangsamung der auf die Katastrophe zusteuernden Handlung im vierten Akt.
Retardierendes Moment: Markiert den Übergang vom vierten in den fünften Akt. Das retardierende, »aufhaltende« Moment lässt noch einmal einen anderen Ausgang als die Katastrophe möglich erscheinen und steigert auf diese Weise die Spannung.
Katastrophe: Mit der Katastrophe im fünften Akt wird der Konflikt durch den Untergang einer oder mehrerer Hauptfiguren gelöst. Hat das Handeln dieser Figur in den Augen der zeitgenössischen Zuschauer die gesellschaftliche bzw. sittliche Ordnung gestört, wird diese Ordnung durch den Untergang der Figur(en) wiederhergestellt.

2023 Reclam Verlag / Joachim Hagner

ARBEITSBLATT 7b **(Seite 2 von 2)**

2. Strukturieren Sie den Verlauf der Affäre zwischen Effi und Crampas mithilfe des Pyramidenmodells der Struktur des klassischen geschlossenen Dramas.

1. Akt	erregendes Moment	2. Akt	3. Akt	4. Akt	retardierendes Moment	5. Akt

Die Affäre mit Crampas: Der Höhepunkt

Arbeitsaufträge:
Die Schlittenfahrt von Uvagla nach Kessin bildet den Höhepunkt der Affäre von Effi und Crampas. Ihre Schilderung (Reclam XL 174,7–181,28) ist dabei durchzogen von der Beschreibung des »Schloon[s]« (177,26) und des Waldes, durch den Effi und Crampas zuletzt fahren.
Klären Sie, was diese beiden Beschreibungen dazu beitragen, die Schlittenfahrt zum Höhepunkt zu machen:

1. Halten Sie alle Eigenschaften fest, die dem Schloon 178,8–33 zugesprochen werden.
2. Übertragen Sie diese Eigenschaften auf die Affäre von Effi und Crampas.

Der Schloon	Die Affäre zwischen Effi und Crampas
ist ein Abgrund »im Kleinen« (178,13)	scheint unbedeutend, ist aber dennoch gefährlich

3. Bestimmen Sie mithilfe der nachstehenden Übersicht, welche Funktion der »Schloon« als Raum hat.

Funktion	Erläuterung	Beispiel
Der wirkende Raum	beeinflusst die Figuren und ihr Handeln.	Die wilde Strand- und Dünenlandschaft und das stürmische Wetter enthemmen Effi und Crampas nach und nach.
Der symbolische Raum	macht Thematisches und Motivisches in verdichteter Form anschaulich.	Die Anlage von Hohen-Cremmen als *hortus conclusus* symbolisiert das christliche Rollenleitbild.

2023 Reclam Verlag / Joachim Hagner

Funktion	Erläuterung	Beispiel
Der charakterisierende Raum	vermittelt etwas über die Figuren, die in ihm handeln, und das, was in ihm geschieht.	Das Kessiner Haus spiegelt Innstettens Anspruchslosigkeit und seine gleichzeitige Neigung zum Aparten.
Der atmosphärische Raum	unterstreicht die Gemütsverfassung einer Figur. Oft stellen diese Räume auch eine Projektion des Seelenzustandes des Protagonisten, u. U. auch seines Unbewussten dar.	Die Weite der Schneelandschaft unterstreicht das Gefühl der Befreiung, das Effi empfindet (99,1–6).
Der Raum als Milieu	macht deutlich, unter welchen sozialen Bedingungen die Figuren empfinden, denken, sprechen und handeln.	Hohen-Cremmen verkörpert durch seine Verbindung zur preußischen Geschichte, seine Repräsentativität und die Nähe zur Kirche die zentralen Werte der adligen Gesellschaft.
Der Raum als Kulisse	bildet einen bloßen Hintergrund, der für das Verständnis der Figuren irrelevant ist.	Das Landratsamt in Kessin bleibt ohne Funktion.

4. Legen Sie begründend die Funktion des Waldes dar, durch den Effi und Crampas fahren (Reclam XL 180,34–181,23).
5. Machen Sie die Weglass-Probe: Welche Folgen hätte es, wenn die Beschreibung des Schloons und des Waldes fehlten?

Reclam Literaturunterricht 2023 Reclam Verlag / Joachim Hagner

ARBEITSBLATT 7d

Die Affäre mit Crampas: Die Folgen für Effi in Kessin

Arbeitsaufträge:

1. Vergegenwärtigen Sie sich, welche positiven Folgen die Affäre mit Crampas für Effi in Kessin hatte, und tragen Sie sie stichwortartig in das dafür vorgesehene Feld ein.
2. Werten Sie die nachstehend bezeichneten Textstellen in Hinsicht auf mögliche negative Folgen aus, die die Affäre für Effi gehabt haben könnte, und halten Sie sie stichwortartig in dem entsprechenden Feld fest.
   - 159,8–161,34
   - 188,1–190,15
   - 197,11–200,23
   - 203,9–206,4
3. Legen Sie in einem Fließtext dar, wie Effi am Vorabend ihrer endgültigen Abreise aus Kessin die Affäre mit Crampas beurteilen würde.

Positive Folgen:

Negative Folgen:

Rückblickende Beurteilung:

2023 Reclam Verlag / Joachim Hagner

Die Affäre mit Crampas: Die Folgen für Innstetten

Arbeitsaufträge:

Die offensichtlichste Folge der Affäre für Innstetten ist das Duell mit Crampas. Die Frage ist aber, ob es unvermeidlich war, denn auch Wüllersdorf fragt ja ganz ausdrücklich: »[M]uss es sein?« (262,23)

Klären Sie diese Frage in zwei Schritten:

1. Lesen Sie noch einmal gründlich das Gespräch zwischen Innstetten und Wüllersdorf 262,1–267,6.
2. Ermitteln Sie die Argumente für und gegen das Duell und fassen Sie sie jeweils unter Angabe von Seite(n) und Zeile(n) mit eigenen Worten in vollständigen Sätzen zusammen.

Argumente für das Duell	Argumente gegen das Duell
…	…

3. Entscheiden Sie begründend, welches Argument den Ausschlag für das Duell gibt (Partnerarbeit).

4. Erläutern Sie auf der Grundlage des Textes 272,23–274,4
   a) woher die rückblickenden Zweifel Innstettens an der Notwendigkeit des Duells kommen

2023 Reclam Verlag / Joachim Hagner

b) warum er glaubt, nach dem Duell auch die Trennung von Effi vollziehen zu müssen, und wodurch beides hätte vermieden werden können

5. Vier Jahre nach dem Duell und der Trennung von Effi zieht Innstetten zunächst allein (320,27–321,35) und dann im Gespräch mit Wüllersdorf (322,1–326,10) Bilanz, und stellt fest: »Mein Leben ist verpfuscht« (323,20). Entnehmen Sie dem Text Innstettens Gründe für diese Feststellung und die von ihm und Wüllersdorf skizzierten Alternativen zu dem Glück, an das Innstetten nicht mehr glaubt.
Beginnen Sie bei den Gründen mit den in Ihren Augen schwerwiegendsten und führen Sie die anderen in absteigender Folge nach ihrer Bedeutung auf.

Gründe:

»Mein Leben ist verpfuscht«

Alternativen Innstetten:

Alternativen Wüllersdorf:

2023 Reclam Verlag / Joachim Hagner

8 »[O]hne rechte Liebe« (331,21)? Effis unterschiedliche Bewertungen von Innstettens Charakter verstehen

Sachanalyse

Es sind insbesondere zwei Passagen des Romans, denen man entnehmen kann, wie Effi den Charakter ihres geschiedenen Mannes bewertet. In der einen (309,5–310,10) hat sie gerade ihre Tochter aus der kleinen Wohnung in der Königgrätzer Straße fortgeschickt, nachdem ihr bewusst geworden war, wie weit Innstetten sie ihr bereits entfremdet hat. In der zweiten (330,23–331,31) liegt sie in Hohen-Cremmen im Sterben und blickt im Beisein ihrer Mutter auf ihr Leben zurück. Die Bewertung könnte dabei unterschiedlicher kaum ausfallen: In der ersten Passage spricht Effi Innstetten alles Edle ab und bewertet seinen Charakter als »klein« (309,27), »grausam« (309,27) und – in ausdrücklicher Erinnerung an Crampas' Einschätzung – als »[s]chulmeister[lich]« (309,29). Auch dem Duell hat er sich in ihren Augen nur gestellt, weil er auf kleinliche Weise dem gesellschaftlichen Ehrencodex hörig ist (309,33–35). Dass er Annie immerhin gestattet hat, sie zu besuchen, bucht sie auf das Konto seines Strebertums und seiner feigen Obrigkeitshörigkeit. Denn was eine großzügige Geste hätte sein können, wird durch das vorherige »[Ab]richte[n]« (310,4) des Kindes gegen sie zur Kleinlichkeit offenbarenden Gefälligkeit gegenüber einer hierarchisch höher Stehenden. Es verwundert daher nicht, wenn Effi zuletzt ihren Ekel vor der »Tugend« (310,7) einer Gesellschaft ausdrückt, die das Töten eines Mannes um der Ehre willen gutheißt, in einer Frau, die einen Liebhaber hatte, dagegen eine moralische Gefährdung ihrer Tochter sieht und gleichgültig gegen das ist, was sich hinter der großzügigen Fassade eines »Mann[es] von Welt« (305,30) an Kleinlichem verbirgt. Von diesem Aufbegehren gegen die gesellschaftliche »Tugend«, von der sich Effi hier als »eure« (310,7) ausdrücklich distanziert, ist in der zweiten Passage kaum noch etwas zu spüren: Auf dem Sterbebett zeigt sich Effi »versöhnt« (330,31) mit Innstetten. Sie erkennt die gesellschaftlichen Zwänge an, die ihn zu dem Duell genötigt haben (331,13 f.), und selbst dem Abrichten von Annie gegen ihre Mutter spricht sie jetzt die Berechtigung nicht ab (331,14–18).

Woher aber dieser bemerkenswerte Sinneswandel? Der Verweis auf die verzeihende Milde, zu der Menschen neigen sollen, die wie Effi nicht mehr am Leben hängen (329,34–330,22), reicht als Erklärung hier nicht aus. Denn Lebensüberdruss hatte Effi auch schon in der ersten Passage zum Ausdruck gebracht (310,7 f.), und das, obwohl sie unter dem unmittelbaren Eindruck von Innstettens schulmeisterlicher Kleinlichkeit eher kämpferisch gestimmt war. Es muss also noch andere Gründe für Effis Sinneswandel geben, und einen ersten symbolisiert der Raum, in dem Effi sich jeweils befindet: In der ersten Passage ist das ihre kleine Berliner Wohnung, die, »so durchschnittsmäßig und alltäglich wie nur möglich« (291,6 f.), mit ihrem Blick auf »Bahndämme« (291,33 f.) einen starken Kontrast zu der repräsentativen Wohnung in der Keithstraße bildet, von deren gemauertem Balkon aus man den »Tiergarten« (227,18) sehen konnte. Effi wohnt jetzt außerhalb der Sphäre ihres früheren gesellschaftlichen Umfelds, und daher hemmen hier keine Rücksichten die geistige Unabhängigkeit, die sich schon bei der Siebzehnjährigen gezeigt hatte: Die Bewertung Innstettens, die Effi in der Königgrätzer Straße vornimmt, dürfte insofern ausdrücken, was sie wirklich denkt. In der zweiten Passage dagegen ist sie nach Hohen-Cremmen und damit in ihr früheres gesellschaftliches Umfeld zurückgekehrt, in dem auch wieder die gesellschaftliche »Tugend« (310,7) gilt, die Effi so »[ge]ekelt« (310,6) hatte. Diese »Tugend« wird hier vor allem durch ihre Mutter repräsentiert, die nicht einmal am Sterbebett ihrer Tochter davon absehen kann, die gesellschaftlichen Regeln in Erinnerung zu bringen, gegen die Effi verstoßen hat (330,32–35). Statt also weiter ihre in der Rede von der »[V]ersöhn[ung]« (330,31) mit Innstetten eingeschlossene Auffassung zu vertreten, dass sie diejenige ist, auf deren Verzeihung *er* angewiesen ist, nimmt sie nach der Erinnerung ihrer Mutter die Schuld scheinbar auf sich. Scheinbar: Denn was sie wirklich denkt – dass Innstetten »Schreckliche[s]« (331,2) getan hat und – gerade mit Blick auf Annie – »nüchtern und berechnend« (331,6) und »grausam« (331,7) war und sie tief »verletzt[]« (331,15) hat, das nimmt auch weiter den größten Raum in ihrem Rückblick ein, nur dass sie sich zuletzt jeweils davon distanziert, um die Erwartungen ihrer Mutter zu bedienen. Die müsste angesichts der Verwünschungen gegen Innstetten, die Effi eingestanden hat, eigentlich ihr: »Und das bedrückt dich jetzt?« (331,9) um ein suggestives »doch« vor dem »jetzt« erweitern, um noch deutlicher auszudrücken, dass Effi in ihren Augen verpflichtet ist, sich angesichts dieser Verwünschungen bedrückt zu fühlen. Und wenn sie genau hinhören würde, müsste sie außerdem merken, dass Effi nicht sagt, was sie wirklich denkt. Aber Luise von Briest, geborene von Belling, ist das gesellschaftliche Rollenbild der züchtig-gehorsamen Ehefrau so sehr in Fleisch und Blut übergegangen, dass sie nichts wahrnimmt, was dazu nicht passt. So überhört sie auch, dass ihre christlich sozialisierte Tochter zuletzt unter Bezugnahme auf dieselbe christliche Lehre, die auch Grundlage dieses Rollenbilds ist, ihre abschließende, und zwar vernichtende Bewertung Innstettens formuliert. Denn wenn sie von ihm sagt: »[E]r hatte viel Gutes in seiner Natur und war so edel, wie jemand sein kann, der ohne rechte Liebe ist« (331,20–22), dann klingt darin unüberhörbar der Lobpreis der Liebe aus 1. Korinther 13 an. Vernichtend an dieser Bezugnahme ist dabei nicht nur die Feststellung, dass alle Beredsamkeit, Weisheit und Erkenntnis, aller Glaube, alle Selbstlosigkeit und Opferbereitschaft wertlos sind, *wenn* jemand »der Liebe nicht« hat (1. Korinther 13,1). Vernichtend ist vor allem, was darin als Kennzeichen wahrer Liebe bestimmt wird (1. Korinther 13,4–7), denn das macht deutlich, *dass* Innstetten der wahren Liebe so wenig hat wie Luise von Briest und die Gesellschaft, die sie repräsentiert. Freiheit und »Ruhe« (331,31), wie sie Effi mit ihren letzten Worten zugleich feststellt und wünscht, kann sie denn auch erst finden, als ihre Mutter gegangen ist und nur noch die Geräusche der Natur zu hören sind, die von keinen Regeln weiß. Und während sie nach ihrer früheren Abrechnung mit Innstetten eine kurze Befreiung in einer Ohnmacht gefunden hatte (310,9 f.), befreit sie der Tod jetzt dauerhaft.

Unterrichtsverlauf

Überblick. Ziel ist die Erkenntnis, dass Effi Innstettens Charakter negativ bewertet und davon auch auf dem Sterbebett nur dem Anschein nach abrückt. Außerdem soll geklärt werden, weshalb Effi diesen Anschein erweckt. Die Lerngruppe erarbeitet sich dazu in einem ersten Schritt die vermeintlich unterschiedlichen Bewertungen, die Effi in der Königgrätzer Straße (309,5–310,10) und dann kurz vor ihrem Tod im Gespräch mit ihrer Mutter in Hohen-Cremmen (330,23–331,31) äußert. Anschließend ermittelt sie durch eine Analyse dieses Gesprächs und die Bestimmung der Funktionen des Raumes mögliche Gründe dafür, dass Effi ihrer Mutter gegenüber den Anschein einer positiven Bewertung erweckt.

Phase	Thema	Sozialform	Kompetenzen und Lernziele	Materialien
Voraussetzungen: Kenntnis des Romans				
8.1	Erarbeitung von Effis unterschiedlichen Bewertungen von Innstettens Charakter	EA / PA	• Die Lerngruppe stellt fest, dass Effi Innstettens Charakter in der Königgrätzer Straße negativ und auf dem Sterbebett dann vermeintlich positiv bewertet. Sie kann darlegen, dass diese spätere Bewertung nur dem Anschein nach positiv, tatsächlich aber im Kern ebenfalls negativ ausfällt	ARBEITSBLATT 8 ➤ S. 95 f.
8.2	Präsentation und Besprechung der Resultate	UG	• Die Lerngruppe stellt fest, dass Innstetten in Effis Augen »der Liebe nicht« hat	ARBEITSBLATT 8 ➤ S. 95 f. VORLAGE 8 ➤ S. 93
8.3	Ermittlung der Gründe für die Veränderung von Effis Bewertung	PA	• Die Lerngruppe erkennt, dass Effi den Anschein einer positiven Bewertung von Innstettens Charakter aus Resignation erweckt	ARBEITSBLATT 8 ➤ S. 95 f.
8.4	Vorstellung und Diskussion der Ergebnisse	UG		ARBEITSBLATT 8 ➤ S. 95 f.

8.1 Erarbeitung von Effis unterschiedlichen Bewertungen von Innstettens Charakter

Unterrichtsschritt. Die Lerngruppe bearbeitet in Einzelarbeit den Arbeitsauftrag 1 und in Partnerarbeit die Arbeitsaufträge 2 und 3 auf dem ARBEITSBLATT 8 ***Effis unterschiedliche Bewertungen Innstettens.*** EA / PA

Erläuterungen zu ARBEITSBLATT 8, Arbeitsauftrag 3: Bei der positiven Umformulierung überwiegend negativ formulierter Merkmale benötigt die Lerngruppe in der Regel Unterstützung. Dabei kann sie die heute nicht mehr geläufigen Begriffe zunächst im *Digitalen Wörterbuch der Deutschen Sprache* (www.dwds.de) oder in der digitalen Version des *Deutschen Wörterbuchs* der Brüder Grimm (http://dwb.uni-trier.de/de/die-digitale-version/online-version) nachschlagen. Bei der positiven Formulierung wird dann u. U. noch die Lehrkraft helfen müssen.

ARBEITSBLATT 8 ➤ S. 95 f.
Internetzugang

8.2 Präsentation und Besprechung der Resultate

Unterrichtsschritt. Die Resultate der Einzel- bzw. Partnerarbeit zu den Arbeitsaufträgen 1–3 auf dem ARBEITSBLATT 8 werden präsentiert, besprochen und dann in Gestalt der VORLAGE 8 (Arbeitsauftrag 2) an der Tafel oder in einem entsprechenden digitalen Medium gesichert. UG

Im Anschluss an die Auswertung der Resultate tauscht sich die Lerngruppe zu der *weiterführenden Frage* aus:

- Gibt es tatsächlich eine Veränderung in Effis Bewertung von Innstettens Charakter?

ARBEITSBLATT 8 ➤ S. 95 f.
VORLAGE 8 ➤ S. 93

Angesichts der Feststellung, dass Innstetten in Effis Augen »der Liebe nicht« hat, kann diese Frage nur verneint werden. Damit steht aber die Anschlussfrage im Raum, warum sie auf dem Sterbebett ihrer Mutter gegenüber dennoch den Anschein erweckt, dass sie Innstettens Charakter jetzt positiv bewertet.

VORLAGE 8

Effis unterschiedliche Bewertungen Innstettens
(Arbeitsauftrag 2)

	309,5–310,10	**330,23–331,31**
Innstettens Charakter	nicht edel (309,25), »klein« (309,27), »grausam« (309,27), »[s]chulmeister[lich]« (309,29), »[s]treber[haft]« (309,33) und feige (310,3 f.)	viele gute Eigenschaften (331,20), »so edel, wie jemand sein kann, der ohne rechte Liebe ist« (331,21 f.)
das Duell	Folge der Abhängigkeit von einem gesellschaftlichen Ehrenkodex (309,34 f.)	für Innstetten ohne Alternative (331,13 f.)
Annies ›Abrichtung‹	»klein« (309,27) und »grausam« (309,27)	berechtigt (331,14–18)
Fazit	Ekel und Abkehr (310,6 f.)	Versöhnung (330,30 f.)

Erläuterungen. *Arbeitsauftrag 3:*

a) Beredsamkeit, Weisheit und Erkenntnis, Glaube, Selbstlosigkeit und Opferbereitschaft sind wertlos, wenn jemand »der Liebe nicht« hat.

b) Eigenschaften: Geduld (»langmütig«), Freundlichkeit, Beherrschtheit (»eifert nicht«), Gutmütigkeit (»treibt nicht Mutwillen«), Bescheidenheit (»blähet sich nicht«), Sanftheit (»stellet sich nicht ungebärdig«), Selbstlosigkeit (»sucht nicht das Ihre«), Nachsicht (»lässt sich nicht erbittern«), Vergebungsbereitschaft (»rechnet das Böse nicht zu«), Gerechtigkeit (»freuet sich nicht der Ungerechtigkeit«), Wahrheitsliebe (»freuet sich aber der Wahrheit«).

c) Innstetten hat »der Liebe nicht«: Ihm fehlt insbesondere die Selbstlosigkeit im Sinne des Korintherbriefes, da ihm sein berufliches Fortkommen und sein gesellschaftliches Ansehen so wichtig sind, dass er dafür Crampas tötet und Effi verstößt. Außerdem wird man ihm Nachsicht und die Bereitschaft zu vergeben angesichts seiner Prinzipienreiterei und des Umgangs mit Effis Jahre zurückliegendem Fehltritt nicht zusprechen können. Ob er in seiner Beurteilung dieses Fehltritts und vor allem seiner selbst gerecht und der Wahrheit verpflichtet ist, kann zumindest als zweifelhaft gelten.

PA
ARBEITSBLATT 8
➤ S. 95 f.
Lösungs-hinweise
➤ S. 124 f.

8.3 Ermittlung der Gründe für die Veränderung von Effis Bewertung

Unterrichtsschritt. Die Lerngruppe bearbeitet in Partnerarbeit den Arbeitsauftrag 4 auf dem ARBEITSBLATT 8.

8.4 Vorstellung und Diskussion der Ergebnisse

Unterrichtsschritt. Die Ergebnisse der Partnerarbeit zu Arbeitsauftrag 4 auf dem ARBEITSBLATT 8 werden vorgestellt, diskutiert und dann in Gestalt der Lösungshinweise an der Tafel oder in einem digitalen Medium gesichert.

UG
ARBEITSBLATT 8
➤ S. 95 f.

Erläuterungen. Bei der Analyse des Gesprächs zwischen Effi und ihrer Mutter könnte die Lerngruppe Schwierigkeiten insbesondere bei der Formulierung der Äußerungen auf der Beziehungs- und der Appellebene haben. Diese Schwierigkeiten müssen dann u. U. im Unterrichtsgespräch durch eine genaue Betrachtung von Kontext und Hintergrund der jeweiligen Äußerungen behoben werden: Effi durfte nach ihrer anfänglichen Verstoßung in ihr Elternhaus zurückkehren und ist dafür dankbar. Für ihre Mutter stellt die Rückkehr ihrer Tochter dagegen auch eine Herausforderung dar, weil sie die gesellschaftliche Bewertung nicht ausblenden kann. Weil Effi das aber weiß, ist es verständlich, dass sie ihrer Mutter zunächst entgegenkommt, indem sie ihre Versöhnung mit Innstetten ausdrückt. Genauso verständlich ist es aber auch, dass sie dieses Entgegenkommen gewürdigt sehen will und dann im Laufe des Gesprächs resigniert, als sie feststellt, dass die Mutter weder dieses Entgegenkommen noch das Leid ihrer Tochter wahrnehmen kann.

Effis unterschiedliche Bewertungen Innstettens

Arbeitsaufträge:

1. Lesen Sie den Text Reclam XL 309,5–310,10 und 330,23–331,31 und vergegenwärtigen Sie sich kurz den jeweiligen Kontext.
2. Vergleichen Sie dann, wie Effi jeweils Innstettens Charakter, sein Duell mit Crampas und seine »[Ab]richt[ung]« (310,4) Annies gegen sie bewertet und ziehen Sie ein Fazit.

	309,5–310,10	330,23–331,31
Innstettens Charakter		
Das Duell		
Annies ›Abrichtung‹		
Fazit		

3. Mit ihrer Feststellung, Innstetten wäre so edel gewesen, wie das jemand sein kann, »der ohne rechte Liebe ist« (331,21 f.), nimmt Effi Bezug auf den Preis der Liebe im 1. Brief des Paulus an die Korinther im Neuen Testament. Überprüfen Sie das Fazit, das Sie aus dem Text 330,23–331,31 gezogen haben, indem Sie
   a) festhalten, was es nach dem Auszug aus dem 1. Korintherbrief bedeutet, wenn jemand »der Liebe nicht« hat,
   b) herausstellen, welche Eigenschaften jemand haben muss, der »der Liebe [hat]« und
   c) darlegen, ob das nach diesem Maßstab von Innstetten gesagt werden kann.

Neues Testament: 1. Korinther 13,1–6

1 Wenn ich mit Menschen- und mit Engelzungen redete, und hätte der Liebe nicht, so wäre ich ein tönend
Erz oder eine klingende Schelle. 2 Und wenn ich weissagen könnte und wüsste alle Geheimnisse und alle
Erkenntnis und hätte allen Glauben, also dass ich Berge versetzte, und hätte der Liebe nicht, so wäre ich
nichts. 3 Und wenn ich alle meine Habe den Armen gäbe und ließe meinen Leib brennen, und hätte der
Liebe nicht, so wäre mir's nichts nütze. 4 Die Liebe ist langmütig und freundlich, die Liebe eifert nicht, die
Liebe treibt nicht Mutwillen, sie blähet sich nicht, 5 sie stellet sich nicht ungebärdig, sie sucht nicht das Ihre,
sie läßt sich nicht erbittern, sie rechnet das Böse nicht zu, 6 sie freuet sich nicht der Ungerechtigkeit, sie
freuet sich aber der Wahrheit […].

2023 Reclam Verlag / Joachim Hagner

4. Klären Sie, welche Gründe Effi dafür haben könnte, den Anschein einer positiven Bewertung von Innstettens Charakter zu erwecken.

a) Analysieren Sie dazu das Gespräch zwischen Effi und ihrer Mutter mithilfe des Kommunikationsmodells Schulz von Thuns.

Äußerung	**330,28–31 (»Nein, nein; etwas […] versöhnt mit ihm«)**	**330,32–35 (»Warst du denn […] euer Leid heraufbeschworen«)**	**331,1–8 (»Ja, Mama. Und […] meine Lippen gekommen«)**	**331,9 (»Und das bedrückt dich jetzt?«)**	**331,10–22 (»Ja. Und es […] rechte Liebe ist.«)**
Sachebene					
Selbstkundgabe					
Beziehung					
Appell					

b) Bestimmen Sie im Rückgriff auf Ihre Kenntnis der Funktionen des Raumes den Beitrag, den Hohen-Cremmen zu Effis Entscheidung geleistet haben könnte, den Anschein einer positiven Bewertung zu erzeugen.

c) Fassen Sie die Ergebnisse Ihrer Überlegungen in einem Fließtext zusammen.

2023 Reclam Verlag / Joachim Hagner

9 »Ob w i r nicht doch vielleicht schuld sind?« (333,2) Die Beiträge der anderen Figuren zu der katastrophalen Entwicklung von Effis Leben beurteilen

Sachanalyse

»Ob w i r nicht doch vielleicht schuld sind?« (333,2) Diese Äußerung Luise von Briests lässt für einen ganz kurzen Moment hoffen, dass sie sich auf ihre Ehestiftung oder auf ihr und ihres Mannes Verharmlosen aller Anzeichen für Effis Unglück in der Verbindung mit Innstetten beziehen könnte. Unter dem Eindruck des katastrophalen Ausgangs dieser Verbindung wäre ihre Mutter dann doch noch von ihrer Rücksicht auf das gesellschaftlich Gebotene geläutert worden und hätte ihre Rolle und die ihres Mannes kritisch hinterfragt. Doch es ist tatsächlich nur ein ganz kurzer Moment, denn als sie Herrn von Briest unmittelbar darauf den Sinn ihrer Äußerung erläutert, wird klar, dass sie eine mögliche Schuld vor allem darin sieht, dass die Eltern ihre Tochter *zu wenig* im Sinne der gesellschaftlichen Normen erzogen haben. Dass Effi schlicht zu jung gewesen sein könnte, als Luise von Briest sie mit einem Mann wie Innstetten verheiratet hat, stellt die Mutter nur deshalb als mögliche Schuld ihrerseits in den Raum, weil sie zuvor den Pastor und ihren Mann angeklagt hatte und nicht den Eindruck erwecken will, sie nähme sich selbst gänzlich aus. Glauben kann sie nach allem, was man inzwischen von ihr weiß, nicht an diese Schuld. Sie würde stattdessen wohl zu dem Schluss kommen, dass die viel zu frühe Verheiratung Effis nicht zu einem Problem geworden wäre, wenn sie und ihr Mann ihre Tochter stärker auf die gesellschaftlichen Normen geeicht hätten.

Doch so einfach wie zuletzt für Luise von Briest liegen die Dinge nicht. Denn Zweifel an Effis Glücksaussichten in der Ehe haben die Eltern bereits am Tag nach der Hochzeit besprochen (39,13–43,17): Wird Effi einen Mann wie Innstetten jemals lieben können, zu dem, wie Herr von Briest bezeichnenderweise behauptet, seine Frau »besser [...] gepasst [hätte] als Effi« (40,1 f.)? Auch Luise von Briest, die diese Behauptung nicht einmal bestreitet, hatte sich ja schon drei Wochen vor der Hochzeit diese Frage stellen müssen, als Effi ohne jedes Interesse an Innstettens Brief war und gleichzeitig von Vetter Briest geschwärmt hatte (32,8–37,4; vgl. Unterrichtsschritt 6.5). Dass Innstetten ihr unmittelbar darauf als Innbegriff der Männlichkeit, Vetter Briest dagegen als »halber Junge« (36,13) und als indiskutabler Ehemann galt, hätte sie irritieren und sie auf die Idee bringen müssen, dass ihre Tochter hier lediglich Vorstellungen übernimmt, die sie aufgrund fehlender Erfahrung selbst noch gar nicht ausbilden konnte. Luise von Briest hätte an dieser Stelle stutzig werden und nachfragen müssen, zumal Effi zuletzt Furcht vor Innstetten eingestanden hatte (37,3 f.) und ihre Mutter selbst einräumt, dass ihre Tochter »nicht das Bedürfnis [hat], sich so recht von Herzen auszusprechen« (40,32 f.), sondern »vieles in sich selber ab[macht]« (40,33 f.). Aber sie war damals zufrieden, von Effi zu hören, wovon diese wusste, dass sie es hören wollte. Und auch jetzt ist ihre Erklärung »[g]anz einfach« (42,2): Ihre Tochter »gehört nicht zu denen, die so recht eigentlich auf Liebe gestellt sind« (42,4 f.). Dabei ist ihr durchaus bewusst, dass sie noch gar nicht weiß, was Liebe wirklich ist (42,5–13). Doch statt das wenigstens jetzt zum Anlass für Zweifel an der Verheiratung Effis mit einem Mann zu nehmen, der ihr neben anderem eben auch Furcht einflößt, beruhigt sie sich damit, dass ihre Tochter selbst »Vergnügungssucht und Ehrgeiz« (42,16) als ihren Antrieb anstelle von Liebe genannt hatte. Ist die Frage nach einer möglichen Mitschuld an dem katastrophalen Ausgang von Effis Ehe damit aber erledigt? Keineswegs, denn Luise von Briest stellt ganz klar fest, dass Innstetten den Ehrgeiz seiner Frau zwar wird befriedigen können, ihrer Vergnügungssucht dagegen nicht entgegenkommen und sich nicht einmal fragen wird, wie er das tun könnte. Da Effi ihrer Mutter jedoch noch drei Wochen zuvor offenbart hatte, dass Langeweile das ist, was sie partout »nicht aushalten kann« (34,2), musste Luise von Briest damit klar sein, dass die Ehe ihrer Tochter mit Innstetten gefährdet ist, und das räumt sie auch ganz unumwunden ein (42,33–43,2). Ob sie damit aber zwangsläufig eine Mitschuld an der katastrophalen Entwicklung von Effis Leben trifft, steht noch nicht fest. Denn Luise von Briest ist nun einmal gefangen in bestimmten gesellschaftlichen Vorstellungen, und insofern kann nicht ganz ausgeschlossen werden, dass sie tatsächlich keinerlei Bewusstsein irgendeiner Schuld hat, sondern stets der Meinung war, das Beste für ihre Tochter zu tun.

In jedem Fall bietet sich die Diskussion der Schuld oder Mitschuld bestimmter Figuren als Abschluss einer Unterrichtsreihe zu *Effi Briest* an, weil sie mit allen bedeutsamen Aspekten des Romans verknüpft ist. Dass sich die Schuldfrage nicht eindeutig klären lässt, hat dabei den Vorteil, dass in den Schülerinnen und Schülern nach der Auseinandersetzung mit dem Roman vielleicht noch etwas gärt, was sie dann zu einem späteren Zeitpunkt für vergleichbare Probleme sensibilisiert.

Unterrichtsverlauf

Überblick. Ziel ist die Einsicht, dass sich die Frage nach der Schuld oder Mitschuld an der katastrophalen Entwicklung von Effis Leben nicht eindeutig klären lässt und dass dafür auch unverfügbare äußere Umstände ursächlich sind. Dazu bereitet die Lerngruppe in arbeitsteiligen Gruppen zunächst eine Podiumsdiskussion der Schuldfrage mit Blick auf unterschiedliche Figuren vor, die sie dann unter Beteiligung der gesamten Lerngruppe durchführt. In der Auswertung der Podiumsdiskussion werden die Einsichten gesichert und zur Grundlage einer Diskussion des Umgangs mit der Beeinflussung durch äußere Umstände genommen. Zuletzt wird noch einmal die im Unterrichtsschritt 2.8 formulierte Hypothese zum zentralen Anliegen des Romans überprüft.

Phase	Thema	Sozialform	Kompetenzen und Lernziele	Materialien
Voraussetzungen: Kenntnis des Romans				
9.1	Vorbereitung einer Podiumsdiskussion über die Schuld oder Mitschuld einzelner Figuren an der katastrophalen Entwicklung von Effis Leben	GA	• Die Lerngruppe kann Argumente für bzw. gegen die Schuld oder Mitschuld anführen	ARBEITSBLATT 9 ➤ S. 102
9.2	Durchführung der Podiumsdiskussion	GA / UG	• Anklage und Verteidigung der jeweiligen Figur nehmen argumentierend Stellung zum Vortrag der Gegenseite	ARBEITSBLATT 9 ➤ S. 102 Argument-Karten
9.3	Auswertung der Podiumsdiskussion	UG	• Die Lerngruppe erkennt, dass sich die Schuldfrage nicht eindeutig beantworten lässt, und dass der oder die Einzelne immer auch von unverfügbaren äußeren Umständen beeinflusst wird	VORLAGE 9 ➤ S. 101

9.1 Vorbereitung einer Podiumsdiskussion über die Schuld oder Mitschuld einzelner Figuren an der katastrophalen Entwicklung von Effis Leben

GA

ARBEITSBLATT 9 ➤ S. 102 Argument-Karten

Unterrichtsschritt. Die Lerngruppe bearbeitet in arbeitsteiliger Gruppenarbeit (sechs Figuren, d. h. sechs Gruppen) die Arbeitsaufträge auf dem ARBEITSBLATT 9 ***Die Beiträge der anderen Figuren zu der katastrophalen Entwicklung von Effis Leben*** und halten die Argumente auf entsprechenden Argument-Karten fest.

Erläuterungen. Die Arbeitsaufträge ermöglichen insofern eine Differenzierung, als die Diskussion der Schuldfrage bezüglich der unterschiedlichen Figuren unterschiedlich komplex ist. Die größte Herausforderung stellt sicher Luise von Briest dar, schon weil sie die meisten Kenntnisse von Effis Wesen hat. Mit Blick auf Innstetten und Herrn von Briest erfordert die Diskussion ebenfalls die Berücksichtigung einer ganzen Reihe von Aspekten, während sie sich bei Roswitha, Gieshübler und der Trippelli im Wesentlichen auf die Frage konzentrieren kann, ob diese Figuren angesichts ihres – mehr oder weniger tiefen – Einblicks in Effis Situation und ihre – ebenfalls mehr oder weniger deutlichen – Ahnungen der Affäre verpflichtet gewesen wären und die Möglichkeit gehabt hätten, etwas zu unternehmen.

Bezüglich welcher Figur die Schülerinnen und Schüler die Schuldfrage diskutieren, sollte ihnen denn zunächst auch freigestellt werden, damit die in den Arbeitsaufträgen angelegte Differenzierung wirksam werden kann. Allerdings sollten die Gruppen alle ungefähr gleich groß sein.

Der Begriff von Schuld bzw. Unschuld soll dabei bewusst nicht im juristischen Sinne verengt, sondern großzügig gehandhabt werden dürfen, damit die Lerngruppe bei der Suche nach Argumenten nicht von vornherein eingeengt wird und die Diskussion auch Aspekte berühren kann, die juristisch vielleicht irrelevant wären.

Arbeitsauftrag 2: Auswahl möglicher Argumente:

Figur	Argumente für eine (Mit-)Schuld	Argumente gegen eine (Mit-)Schuld
Luise von Briest	• hat Effi mit einem Mann wie Innstetten verheiratet, obwohl sie angesichts ihrer Vertrautheit mit den Charaktereigenschaften ihrer Tochter und ihren Bedürfnissen wissen konnte, dass diese in der Ehe nicht glücklich werden konnte	• wollte für ihre Tochter nur, was sie auch für sich selbst für das Beste gehalten hätte • hat sich seinerzeit selbst gegen ihre Gefühle und für einen Mann entschieden, der nicht wirklich zu ihr passt • ist davon ausgegangen, dass Innstetten immerhin Effis Ehrgeiz und damit ein wesentliches Bedürfnis befriedigen würde
	• hat sich nicht darauf eingelassen, wenn Effi gesprächsweise oder brieflich ihr Unbehagen und ihr Gelangweiltsein in der Ehe mit Innstetten mitgeteilt hat	• hat die Rollenbilder und Konventionen ihrer Gesellschaft so sehr verinnerlicht, dass sie dazu nicht passende Mitteilungen ignorieren musste
	• hat ungeachtet deutlicher Warnsignale nichts getan, um die absehbare katastrophale Entwicklung zu verhindern	• hätte sich eine Einmischung in die Ehe ihrer Tochter aufgrund ihrer konventionellen Befangenheit nie gestattet • hätte sich eine Fehlentscheidung eingestehen müssen, wenn sie ihre Tochter z. B. im Sinne einer Trennung beraten hätte
Herr von Briest	• hat sich der Ehestiftung seiner Frau trotz seiner Vorbehalte gegenüber Innstetten nicht in den Weg gestellt	• ist seiner Frau offensichtlich unterlegen, zumal ihm bewusst ist, dass deren Entscheidung, ihn zu heiraten, eine Vernunftentscheidung war
	• zieht sich angesichts des für ihn unübersehbaren Unglücks seiner Tochter in ihrer Ehe in die bequeme Haltung der Nichteinmischung und Resignation zurück	• müsste einen Konflikt mit seiner Frau in Kauf nehmen, wenn er Effi gegen ihren Mann in Stellung bringen würde • sieht in seiner Resignation keine Möglichkeit, das vermeintlich Unabänderliche zu ändern
Geert von Innstetten	• lässt sich auf Effi, ihre Charaktereigenschaften und Bedürfnisse zu keiner Zeit wirklich ein	• ein Mann in seiner gesellschaftlichen Stellung musste sich damals nicht ausführlich mit der Persönlichkeit seiner Ehefrau befassen, weil die gesellschaftlichen Rollenleitbilder das Wesentliche des Umgangs geregelt haben • viele Bedürfnisse Effis liegen außerhalb des Verständnishorizonts von Innstetten, so dass man ihm nicht vorwerfen kann, dass er sie nicht sieht
	• hätte sich nach so langer Zeit nicht mehr mit Crampas duellieren und Effi nicht verstoßen müssen	• konstituiert seine Identität viel zu sehr über das »Gesellschafts-Etwas«, als dass er sich von dessen Geboten hätte freimachen können

Figur	Argumente für eine (Mit-)Schuld	Argumente gegen eine (Mit-)Schuld
Roswitha Gellenhagen	• wusste oder ahnte zumindest, dass Effi eine Affäre mit Crampas hatte, und hätte versuchen müssen, auf deren Beendigung hinzuwirken: In dem Zusammenhang wären dann vielleicht auch die verräterischen Briefe vernichtet worden	• hätte aus ihrer Stellung heraus unmöglich ihrer »gnädigen Frau« die Affäre auf den Kopf zusagen oder gar versuchen können, Effi davon abzubringen: Als sie es einmal versucht, wird es ihr denn auch von Effi verwiesen (199,13–17)
Alonzo Gieshübler	• hätte gleich bei der ersten Begegnung mit Effi und dann im weiteren Umgang mit ihr bemerken können, dass die junge Frau sich in ihrer Rolle nicht ganz wohlfühlt und dass ihr in ihrer Ehe etwas fehlt, und er hätte versuchen können, darüber mit ihr ins Gespräch zu kommen oder Ausgleich zu schaffen • hat sich von Crampas instrumentalisieren lassen und Effi in seinem Auftrag für die Rolle der Ella im *Schritt vom Wege* gewonnen, so dass der Major als Regisseur seine Annäherung fortsetzen konnte	• war so begeistert von Effi, dass er sich alles, was dazu nicht passte, vermutlich nie eingestanden hätte – wenn er es überhaupt bemerkt hat • hätte sich wegen seiner Begeisterung, der Wertschätzung Innstettens und seiner gesellschaftlichen Stellung nie gestattet, ein vertrauliches Gespräch mit Effi zu suchen oder ihr gar Ratschläge zu geben • hatte mit Sicherheit kein Bewusstsein davon, welchem Zweck er in diesem Zusammenhang gedient hat, zumal er wohl nicht für möglich gehalten hätte, dass Effi irgendetwas tut, was nicht zu seinem idealen Bild von ihr passt
Marietta Trippelli	• musste in jedem Fall bemerken, dass Effi sich gedanklich mit den Möglichkeiten einer außerehelichen Befriedigung ihrer erotischen Bedürfnisse befasst, und hat sie trotz unangenehmer Erfahrungen, die sie offensichtlich selbst gemacht hat, nicht klar genug davor gewarnt, sondern sie durch die spielerisch-andeutende Behandlung des Themas vielleicht sogar neugierig gemacht	• konnte nicht sicher einschätzen, wie konkret Effi sich tatsächlich mit solchen Möglichkeiten befasst, und wäre daher Gefahr gelaufen, als unverschämt zurückgewiesen zu werden, wenn sie ihrerseits konkreter geworden wäre

9.2 Durchführung der Podiumsdiskussion

GA / UG

Unterrichtsschritt. Die Vertreter der Gruppen führen mithilfe der Argument-Karten für ihre jeweilige Figur (ARBEITSBLATT 9) die Podiumsdiskussion der Schuld oder Mitschuld durch.

ARBEITSBLATT 9
➤ S. 102 Argument-Karten

Erläuterungen. Die Lerngruppe sollte nach Möglichkeit einen zu einer Seite hin weit offenen Stuhlkreis bilden, damit die jeweiligen Vertreterinnen oder Vertreter der Anklage und der Verteidigung sich in der Öffnung einander gegenübersitzen und von allen gut gehört und gesehen werden können.

Die Diskussionsleitung übernimmt die Lehrkraft, sofern das nicht – als ein weiteres Differenzierungsangebot – besonders leistungsstarke Schülerinnen und Schüler tun können. Den Beginn macht dann jeweils die Anklage mit einem Argument, zu dem die Verteidigung mit eigenen Argumenten Stellung nimmt. Auf diese Weise werden zunächst die auf den Karten notierten Argumente abgearbeitet. Sollte die Verteidigung dabei Argumente vorbereitet haben, die sich nicht unmittelbar auf Argumente der Anklage beziehen lassen, trägt sie sie vor und gibt dann der Anklage Gelegenheit zu einer Erwiderung. Die Diskussionsleitung achtet darauf, dass Argumente und Gegenargumente zueinander passen, und spitzt gegebenenfalls Argumente oder Kontroversen zu. Außerdem bezieht sie an geeigneten Stellen die anderen Schülerinnen und Schüler ein und gibt ihnen Gelegenheit, Argumente oder Belege zu ergänzen, die noch nicht erwähnt wurden.

9.3 Auswertung der Podiumsdiskussion

Unterrichtsschritt. Die Podiumsdiskussion wird im Unterrichtsgespräch ausgewertet, indem sich die Lerngruppe zu den Fragen austauscht: UG

1. Wie bewerten Sie abschließend die Schuldfrage? VORLAGE 9
   Anschließend präsentiert die Lehrkraft der Lerngruppe den Auszug aus Georg Simmels 1903, also gerade einmal acht Jahre nach *Effi Briest* erschienenem Aufsatz über *Die Großstädte und das Geistesleben* (VORLAGE 9 ***Georg Simmel: Die Großstädte und das Geistesleben***). Nachdem im Unterrichtsgespräch Verständnisfragen zu dem Textauszug geklärt wurden, diskutiert die Lerngruppe die Frage: ➤ S. 101
2. Was kann der einzelne Mensch in Ihren Augen tun, um seine Individualität gegenüber dem Einfluss durch die Gesellschaft zu bewahren?«
   Zuletzt stellt die Lehrkraft noch einmal den Bezug zu der im Unterrichtsschritt 2.8 formulierten Hypothese zum zentralen Anliegen des Romans her:
3. Wir hatten im Unterrichtsschritt 2.8 das zentrale Anliegen von *Effi Briest* in dem Nachvollzug des Scheiterns von Effis Ehe mit Innstetten, der Gründe und der Folgen dieses Scheiterns gesehen, und wir wollten diese Hypothese zu einem späteren Zeitpunkt noch einmal überprüfen: Müssen wir sie also vor dem Hintergrund unseres jetzigen Erkenntnisstands korrigieren?

VORLAGE 9

Georg Simmel: Die Großstädte und das Geistesleben

»Die tiefsten Probleme des modernen Lebens quellen aus dem Anspruch des Individuums, die Selbständigkeit und Eigenart seines Daseins gegen die Übermächte der Gesellschaft, des geschichtlich Ererbten, der äußerlichen Kultur und Technik des Lebens zu bewahren – die letzterreichte Umgestaltung des Kampfes mit der Natur, den der primitive Mensch um seine *leibliche* Existenz zu führen hat. […] Wo die Produkte des spezifisch modernen Lebens nach ihrer Innerlichkeit gefragt werden, sozusagen der Körper der Kultur nach seiner Seele – wie mir dies heute gegenüber unseren Großstädten obliegt – wird die Antwort der Gleichung nachforschen müssen, die solche Gebilde zwischen den individuellen und den überindividuellen Inhalten des Lebens stiften, den Anpassungen der Persönlichkeit, durch die sie sich mit den ihr äußeren Mächten abfindet.«

Georg Simmel: Die Großstädte und das Geistesleben [Ausz.]. In: Die Großstadt. Vorträge und Aufsätze zur Städteausstellung. (Jahrbuch der Gehe-Stiftung zu Dresden. Bd. 9.) Dresden 1903. S. 187 f.

Erläuterungen. 1. *Zur Schuldfrage:* In der Sache dürfte die Podiumsdiskussion gezeigt haben, dass man keiner der Figuren die alleinige Schuld zuweisen kann und dass sich für alle auch entlastende Argumente finden. Angesichts der früheren Feststellung, dass die Mesalliance mit Innstetten die entscheidende Ursache für die katastrophale Entwicklung von Effis Leben ist (Unterrichtsschritt 3.6), trifft die meiste Schuld zwar Luise von Briest, die diese Mesalliance, und zwar teilweise wider besseres Wissen, arrangiert hat. Doch selbst ihre Schuld wird durch die Befangenheit in den gesellschaftlichen Rollenleitbildern und Konventionen gemildert, für die sie nicht verantwortlich ist. Schuld an der katastrophalen Entwicklung von Effis Leben sind insofern verschiedene Figuren auf je unterschiedliche Weise – und äußere Umstände, die keine unter ihnen hätte beeinflussen können. Dass das Leben des Menschen also immer auch – mittelbar oder unmittelbar – durch solche Umstände beeinflusst wird, ist dabei eine Erkenntnis, die Schülerinnen und Schülern zunächst unbehaglich ist.

2. *Zur Frage nach der Bewahrung der Individualität:* Um ihnen deutlich zu machen, dass keineswegs nur sie dieses Unbehagen empfinden, und gleichzeitig die Diskussion von Möglichkeiten des Umgangs mit der Beeinflussung durch äußere Umstände anzustoßen, wird der Auszug aus dem Text von Georg Simmel (VORLAGE 9) präsentiert. Die Bandbreite möglicher Antworten auf die für ein gelingendes Leben äußerst relevante weiterführende Frage ist zwar groß, doch die Diskussion darüber schärft einerseits ihr Verständnis noch einmal aus, und zum anderen macht sie deutlich, dass ein Roman wie *Effi Briest* bei allem zeitlichen Abstand von heutigen Schülerinnen und Schülern dennoch eine Diskussion anstoßen kann, die ihnen Orientierung im Leben ermöglicht.

3. *Zur Hypothese zum Scheitern der Ehe:* Die Hypothese erweist sich auch vor dem Hintergrund der in den nachfolgenden Unterrichtsschritten gewonnenen Einsichten als tragfähig und kann somit als zentrales Anliegen des Romans festgehalten werden.

ARBEITSBLATT 9

Die Beiträge der anderen Figuren zu der katastrophalen Entwicklung von Effis Leben

Arbeitsaufträge:

Bereiten Sie in Ihrer Gruppe eine Podiumsdiskussion der Schuld oder Mitschuld der Ihrer Gruppe zugewiesenen Figur an der katastrophalen Entwicklung von Effis Leben vor.

1. Legen Sie fest, wer die Rolle des Anklägers und wer die des Verteidigers einnehmen soll. Die Gruppe sollte sich dabei gleichmäßig auf die beiden Funktionen verteilen.
2. Tragen Sie als Ankläger oder Verteidiger Argumente für die Schuld oder Mitschuld bzw. Unschuld Ihrer Figur zusammen. Halten Sie jedes Argument auf je einer Argument-Karte fest.
   Werten Sie dazu *auch* die folgenden Textpassagen aus.

Figur	Textstellen (Reclam XL)
Luise von Briest	35,18–37,4 39,13–43,17 43,18–45,20 109,8–112,27 115,11–117,27 332,10–333,13
Herr von Briest	39,13–43,17 43,18–45,20 133,10–134,36 332,10–333,13
Geert von Innstetten	86,4–89,8 204,6–205,35
Roswitha Gellenhagen	197,5–200,11
Alonzo Gieshübler	68,1–71,4 211,5–212,15
Marietta Trippelli	103,4–104,24

3. Bestimmen Sie eine Vertreterin oder einen Vertreter der Anklage bzw. der Verteidigung.

2023 Reclam Verlag / Joachim Hagner

10 »[E]in ganz besonderer Saft« Fontanes Poetik erschließen

Sachanalyse

Zur Kunst im Allgemeinen und zur Literatur im Besonderen, zu ihren Aufgaben, Möglichkeiten und Grenzen hat Fontane sich in Essays, Rezensionen und Briefen geäußert. Die unterschiedlichen Anlässe haben dabei natürlich Einfluss auf seine Äußerungen, doch im Kern laufen sie auf einige grundsätzliche Überzeugungen hinaus, die im Laufe der Zeit konstant bleiben:

Bereits 1853 bekennt er sich in dem Essay »Unsere lyrische und epische Poesie seit 1848« zwar zum Realismus, den er als kennzeichnend für seine Zeit insgesamt bestimmt (WSB III.1: S. 236). Doch er versteht darunter nicht das »nackte Wiedergeben alltäglichen Lebens« (WSB III.1: S. 240), nicht die bloße Abbildung der Wirklichkeit, sondern das Sichtbarmachen des »Wahren« (WSB III.1: S. 242) im Wirklichen, das nur das Material liefert: Literatur, die in Fontanes Sinne realistisch verfährt, macht den Stoff, den die Wirklichkeit bereitstellt, durchsichtig auf die darin verborgenen allgemeingültigen Wahrheiten, und zwar über den Menschen, die an keine bestimmte Zeit gebunden sind.

In einem Brief an Moritz Lazarus vom 12. September 1891 betont Fontane dabei allerdings, dass das nicht dazu führen darf, dass die Literatur nur noch mit »Typen« (WSB IV.4: S. 156) aufwartet, die jeweils »eine bestimmte aller Menschheit eigene Charakterseite zum Ausdruck bringen und weiter nichts als das« (WSB IV.4: S. 156). Andererseits dürfen ihre Figuren auch nicht »bloß[e] Individuen« (WSB IV.4: S. 156) sein, weil sie dann keine allgemeingültigen Wahrheiten über den Menschen mehr verkörpern könnten. Stattdessen müssen die Figuren der Literatur, die in Fontanes Sinne realistisch ist, unverwechselbare Charaktere sein, die gleichzeitig etwas für den Menschen Typisches zu erkennen geben.

In einem Essay über den Schriftsteller Paul Lindau aus dem Jahr 1886 fordert Fontane außerdem, dass solche Charaktere so sehr der jeweiligen Wirklichkeit entsprungen sein müssen, »dass wir in der Erinnerung an eine bestimmte Lebensepoche nicht mehr genau wissen, ob es gelebte oder gelesene Figuren waren« (WSB III.1: S. 568). »[W]enigstens nach der Moral-Seite hin, verlangen wir«, wie Fontane in seinem 1883 entstandenen *Zola*-Essay konstatiert, deshalb auch »Durchschnittsmenschen, die nur durch eine besondere Verkettung von Umständen in ›Ausnahmefälle‹ hineingeraten.« (WSB III.1: S. 547) Denn kaum jemand wird in seinem Leben lauter moralischen »Ausnahmefällen« begegnet sein, so dass sich mit Blick auf solche Fälle auch nicht die Frage stellt, ob sie gelebt oder gelesen waren. Eine Identifikation, die nicht zuletzt die Grundlage für eine emotionale Bindung ist, kann mit »Ausnahmefällen« nicht gelingen. Moralische »Durchschnittsmenschen« dagegen können uns im Sinne von Fontanes Aufsatz über Gustav Freytag (1875) »weinen und lachen, hoffen und fürchten, am Schluß aber empfinden lassen teils unter lieben und angenehmen, teils unter charaktervollen und interessanten Menschen gelebt zu haben, deren Umgang uns schöne Stunden bereitete, uns förderte, klärte und belehrte« (WSB III.1: S. 317).

Das Sichtbarmachen des menschlich Wahren in der Wirklichkeit von moralischen »Durchschnittsmenschen« läuft dann darauf hinaus, dass die Literatur mit Blick auf ihr Empfinden, Denken und Handeln mehr »Intensität, Klarheit, Übersichtlichkeit und Abrundung und infolge davon [...] Gefühlsintensität [schafft], die die verklärende Aufgabe der Kunst ist« (WSB III.1: S. 569): Durch solche Verklärung oder »Modelung« (WSB III.2: S. 847), durch die künstlerische Gestaltung überbietet die Literatur die Wirklichkeit, so dass der Tod einer Figur, wie Fontane 1890 in der Rezension von Arno Holz' und Johannes Schlafs *Familie Selicke* feststellt, zu Tränen rühren kann, während das in der Wirklichkeit vielleicht nicht diesen Effekt gehabt hätte (WSB III.2: S. 847): Effis Schicksal bewegt auch deshalb so tief, weil der Roman es in aller »Klarheit« in den Mittelpunkt der Aufmerksamkeit rückt, weil er »Übersichtlichkeit« schafft, indem er nur das erwähnt, was zum Verständnis dieses Schicksals erforderlich ist, und weil er etwa durch die Zuspitzung relevanter Charaktereigenschaften, durch eine ausführliche Erzählung tatsächlich kurzer Begebenheiten oder eine symbolisch aufgeladene Beschreibung Hohen-Cremmens für die »Abrundung« des Bildes von Effis Leben sorgt, die Verständnis und Anteilnahme ermöglicht. Wo die Leserinnen und Leser dagegen in ihrer Wirklichkeit vom Tod einer Nachbarstochter erführen, ohne sie und ihr Schicksal in gleicher Weise kennengelernt zu haben wie dasjenige Effis, da ist es gut möglich, dass das trotz größerer Unmittelbarkeit nicht in gleicher Weise betroffen macht.

Literatur, die Fontanes Auffassung von Realismus entspricht, bietet also einmal einen Erkenntnisgewinn, indem sie der Wirklichkeit Wahrheiten über den Menschen entnimmt. Wenn sie Figuren schafft, die die Mitte zwischen Typus und individuellem Charakter halten und als moralische »Durchschnittsmenschen« in der Wirklichkeit begegnen könnten, ermöglicht sie außerdem eine Identifikation, und durch die Verklärung oder »Modelung« bewirkt sie eine intensive Anteilnahme am Schicksal der Figuren. Zuletzt unterstreicht das die Selbständigkeit des literarischen Kunstwerks, das die Wirklichkeit eben nicht nur kopiert, sondern gestaltend überbietet.

Unterrichtsverlauf

Überblick. Ziel dieser letzten Unterrichtseinheit ist die Erschließung der Poetik Fontanes, insbesondere bezüglich des Romans. Dazu wertet die Lerngruppe zunächst Auszüge aus Essays, Rezensionen und Briefen mit Blick auf die darin vorgenommenen Bestimmungen des Verhältnisses von Wirklichkeit und Kunst, der Aufgaben des Romans und der Anforderungen an seine Figuren aus. Anschließend erläutert sie diese Bestimmungen und veranschaulicht die Erläuterungen durch Beispiele aus *Effi Briest*. Auf dieser Grundlage formuliert die Lerngruppe dann eine Definition des Realismus, wie Fontane ihn versteht, um im Vergleich mit einer literaturgeschichtlichen Bestimmung des Poetischen Realismus zuletzt die Funktionalität solcher Epochenbegriffe zu beurteilen.

Phase	Thema	Sozialform	Kompetenzen und Lernziele	Materialien
Voraussetzungen: Kenntnis des Romans				
10.1	Erschließung von Fontanes Poetik	EA / PA	• Die Lerngruppe kann Fontanes Bestimmung von Realismus in ihren verschiedenen Facetten erläutern.	ARBEITSBLATT 10 ➤ S. 106–108
10.2	Vorstellung und Besprechung der Ergebnisse	UG	• Die Lerngruppe ist in der Lage, Fontanes Realismus-Auffassung an Beispielen aus *Effi Briest* zu veranschaulichen und ihr Verhältnis zu einer literaturgeschichtlichen Definition des Poetischen Realismus zu bestimmen.	ARBEITSBLATT 10 ➤ S. 106–108

10.1 Erschließung von Fontanes Poetik

EA / PA

ARBEITSBLATT 10
➤ S. 106–108
Lösungshinweise
➤ S. 126

Unterrichtsschritt. Die Lerngruppe bearbeitet in Einzelarbeit den Arbeitsauftrag 1 und in Partnerarbeit die Arbeitsaufträge 2–4 auf dem ARBEITSBLATT 10 ***»[E]in ganz besonderer Saft«. Fontanes Poetik erschließen***.

Erläuterungen. *Arbeitsauftrag 1:* Klärungsbedarf wird es vor allem bezüglich folgender Begriffe geben:
- das »Wahre« im Essay über »Unsere lyrische und epische Poesie seit 1848«: Dieser Begriff bezeichnet hier das Allgemeingültige oder Plausible.
- die »Vertiefung oder Verschönerung« in der Wichert-Rezension: »Vertiefung« kann in diesem Zusammenhang als erzählerische Konzentration auf Entscheidendes verstanden werden, und »Verschönerung« meint nicht das Ausblenden alles Hässlichen, sondern das Herausstellen des – insbesondere menschlich – Schönen, das sich überall findet.
- der »Durchschnittsmensch« im Zola-Essay: Gemeint ist der *moralische* Durchschnitt: In diesem Sinne ist der Mensch dann durchschnittlich, wenn er weder im negativen noch im positiven Sinne eine Ausnahme darstellt, und das ist Fontane wichtig, weil solche Ausnahmen in seinen Augen nicht mehr menschlich sind und entsprechend keine Anteilnahme ermöglichen.
- die »Verklärung« aus dem Paul-Lindau-Aufsatz: ist definiert durch »Intensität, Klarheit, Übersichtlichkeit und Abrundung und infolge davon jener Gefühlsintensität«.
- die »Modelung« aus der Rezension der *Familie Selicke*: ist hier gleichbedeutend mit der künstlerischen Gestaltung im Sinne der Verklärung.

Da ein klares Verständnis dieser Begriffe Voraussetzung für die Bearbeitung des Arbeitsauftrags 2 ist, kann es sinnvoll sein, es im unmittelbaren Anschluss an Arbeitsauftrag 1, die Lektüre der Textauszüge, im Unterrichtsgespräch herzustellen.

10.2 Vorstellung und Besprechung der Ergebnisse

Unterrichtsschritt. Die Ergebnisse der Partnerarbeit werden vorgestellt, diskutiert und dann in Gestalt der Lösungshinweise an der Tafel oder in einem digitalen Medium gesichert. UG

Nach der Sicherung der Ergebnisse konfrontiert die Lehrkraft die Lerngruppe mit einer literaturgeschichtlichen Definition des Poetischen Realismus und lässt die Angemessenheit dieser Definition diskutieren. Auf diese Weise erwirbt sich die Lerngruppe ein kritisches Verhältnis zur Funktionalität literaturgeschichtlicher Epochenbegriffe.

ARBEITSBLATT 10
➤ S. 106–108

»[E]in ganz besonderer Saft«. Fontanes Poetik erschließen

Arbeitsaufträge:

Nachstehend finden Sie einige Äußerungen Fontanes zur (Roman-)Kunst.

1. Lesen Sie die Äußerungen a)–g) und klären Sie gegebenenfalls Verständnisfragen.
2. Entnehmen Sie den Äußerungen Fontanes Bestimmung
   - des Verhältnisses von Wirklichkeit und Kunst
   - der Aufgaben des Romans bzw. der Kunst
   - der Anforderungen an die Figuren

   und erläutern Sie sie. Legen Sie dafür eine Tabelle an wie unten dargestellt.
3. Veranschaulichen Sie Ihre Erläuterungen durch Beispiele aus dem Roman.
4. Fassen Sie Ihre Erkenntnisse zusammen, indem sie in einem Satz Fontanes Realismus definieren.

a)

»Was unsere Zeit nach allen Seiten hin charakterisiert, das ist ihr *Realismus.* [...] Dieser Realismus unserer Zeit findet in der *Kunst* nicht nur sein entschiedenstes Echo, sondern äußert sich vielleicht auf keinem Gebiet unseres Lebens so augenscheinlich wie gerade in ihr. [...] Der Realismus in der Kunst ist so alt als die Kunst selbst, ja, noch mehr: *er ist die Kunst.* Unsere moderne Richtung ist nichts als eine Rückkehr auf den einzig richtigen Weg, die Wiedergenesung eines Kranken, die nicht ausbleiben konnte, solange sein Organismus noch überhaupt ein lebensfähiger war. [...] Vor allen Dingen verstehen wir *nicht* darunter das nackte Wiedergeben alltäglichen Lebens. [...] Wohl ist das Motto des Realismus der Goethesche Zuruf: Greif nur hinein ins volle Menschenleben / Wo du es packst, da ist's interessant, aber freilich, die Hand, die diesen Griff tut, muß eine künstlerische sein. Das Leben ist doch immer nur der Marmorsteinbruch, der den Stoff zu unendlichen Bildwerken in sich trägt; sie schlummern darin, aber nur dem Auge des Geweihten sichtbar und nur durch seine Hand zu erwecken. Der Block an sich, nur herausgerissen aus einem größern Ganzen, ist noch kein Kunstwerk, und dennoch haben wir die Erkenntnis als einen unbedingten Fortschritt zu begrüßen, daß es zunächst des Stoffes, oder sagen wir lieber des *Wirklichen*, zu allem künstlerischen Schaffen bedarf. [...] Wenn wir im Vorstehenden – mit Ausnahme eines einzigen Kernspruchs [Gemeint ist der ›Goethesche Zuruf‹] – uns lediglich negativ verhalten und überwiegend hervorgehoben haben, was der Realismus nicht ist, so geben wir nunmehr unsere Ansicht über das, was er ist, mit kurzen Worten dahin ab: Er ist die Widerspiegelung alles wirklichen Lebens, aller wahren Kräfte und Interessen im Elemente der Kunst; er ist, wenn man uns diese scherzhafte Wendung verzeiht, eine ›Interessenvertretung‹ auf seine Art. Er umfängt das ganze reiche Leben, das Größte wie das Kleinste: den Kolumbus, der der Welt eine neue zum Geschenk machte, und das Wassertierchen, dessen Weltall der Tropfen ist; den höchsten Gedanken, die tiefste Empfindung zieht er in sein Bereich, und die Grübeleien eines Goethe wie Lust und Leid eines Gretchen sind sein Stoff. Denn alles das ist *wirklich.* Der Realismus will nicht die bloße Sinnenwelt und nichts als diese; er will am allerwenigsten das bloß Handgreifliche, aber er will das *Wahre.* Er schließt nichts aus als die Lüge, das Forcierte, das Nebelhafte, das Abgestorbene.«

Theodor Fontane: Unsere lyrische und epische Poesie seit 1848 [1853]. In: WSB III.1. S. 236–260.

2023 Reclam Verlag / Joachim Hagner

2023 Reclam Verlag / Joachim Hagner

b)

»Die *Kunst* erheischt freilich noch ein weniges mehr, nicht Kopie, sondern Spiegelbild, nicht Abschreibung, sondern Vertiefung oder Verschönerung des Daseins.«

Theodor Fontane: Rezension von Ernst Wicherts »Ein Schritt vom Wege« [1872]. In: WSB III.2. S. 98.

c)

»*Was soll ein Roman?* Er soll uns, unter Vermeidung alles Übertriebenen und Häßlichen, eine Geschichte erzählen, an die wir *glauben.* Er soll zu unserer Phantasie und unserem Herzen sprechen, Anregung geben, ohne aufzuregen; er soll uns eine Welt der Fiktion auf Augenblicke als eine Welt der Wirklichkeit erscheinen, soll uns weinen und lachen, hoffen und fürchten, am Schluß aber empfinden lassen, teils unter lieben und angenehmen, teils unter charaktervollen und interessanten Menschen gelebt zu haben, deren Umgang uns schöne Stunden bereitete, uns förderte, klärte und belehrte.«

Theodor Fontane: Gustav Freytag [1875]. In: WSB III.1. S. 316 f.

d)

»Nun sind zwar Ausnahmefälle das Verlockendste für die Darstellung und auch durchaus zulässig, aber doch nur die *tatsächlichen* Ausnahmefälle, nicht die *persönlichen.* In gewissem Sinne, wenigstens nach der Moral-Seite hin, verlangen wir Durchschnittsmenschen, die nur durch eine besondere Verkettung von Umständen in ›Ausnahmefälle‹ hineingeraten. Wir müssen den Menschen begreifen und als einen der unsren anerkennen, das ist die erste Bedingung, und eine zweite Bedingung ist, daß, wenn der ›Ausnahmefall‹ eintritt, wir ihn zwar als Ausnahmefall empfinden aber doch zugleich auch fühlen müssen: *wir,* in gleicher Lage, hätten denselben Ausnahmefall eintreten lassen. Darstellungen, die durchweg einen ›Ausnahmefall‹ zeigen, in denen uns *alles* fremd berührt, Charakter wie Tat, gehören nicht in die Kunst. Ihnen gegenüber fällt unsre ›Mitleidenschaft‹ fort: das absolute Gute und Böse läßt uns kalt, weil es nicht mehr menschlich ist.«

Theodor Fontane: Emile Zola [1883]. In: WSB III.1. S. 547.

e)

»Aufgabe des modernen Romans scheint mir die zu sein, ein Leben, eine Gesellschaft, einen Kreis von Menschen zu schildern, der ein unverzerrtes Widerspiel *des* Lebens ist, das wir führen. Das wird der beste Roman sein, dessen Gestalten sich in die Gestalten des wirklichen Lebens einreihen, so daß wir in Erinnerung an eine bestimmte Lebensepoche nicht mehr genau wissen, ob es gelebte oder gelesene Figuren waren, ähnlich wie manche Träume sich unserer mit Gewalt bemächtigen, wie die Wirklichkeit.

Also noch einmal: darauf kommt es an, daß wir in den Stunden, die wir einem Buche widmen, das Gefühl haben, unser wirkliches Leben fortzusetzen, und daß zwischen dem erlebten und erdichteten Leben kein Unterschied ist, als der jener Intensität, Klarheit, Übersichtlichkeit und Abrundung und infolge davon jener Gefühlsintensität, die die verklärende Aufgabe der Kunst ist.«

Theodor Fontane: Paul Lindau [1886]. In: WSB III.1. S. 568 f.

f)

»Denn es bleibt nun mal ein gewaltiger Unterschied zwischen dem Bilde, das das Leben stellt[,] und dem Bilde, das die Kunst stellt; der Durchgangsprozeß, der sich vollzieht, schafft doch eine rätselhafte Modelung und an dieser Modelung haftet die künstlerische Wirkung, die Wirkung überhaupt. Wenn ich das kleine Lieschen Selicke [Figur aus dem Drama *Die Familie Selicke*] bei Nachbarsleuten im Hinterhause hätte sterben sehen, so ist es mir zweifelhaft, ob ich geweint hätte, dem kleinen Lieschen, das gestern auf der Bühne starb, bin ich unter Tränen gefolgt. Kunst ist ein ganz besonderer Saft.«

Theodor Fontane: Rezension von Arno Holz' und Johannes Schlafs »Die Familie Selicke« [1890]. In: WSB III.2. S. 847.

g)

»Ich persönlich bin sehr für Gestalten in der Kunst, die nicht bloß Typ und nicht bloß Individuum sind, aber sonderbarerweise haben die große Berühmtheit in Kunst und Literatur fast immer *die* Schöpfungen errungen, die die schön und echt menschliche Mittelstufe *nicht* einnehmen, sonderbare Gebilde, die einerseits gar nicht typisch (und menschlich schon gewiß nicht) und andererseits wie im Widerspruch dazu wiederum *nur* typisch sind. ›Nur typisch‹ insoweit, als sie eine bestimmte aller Menschheit eigene Charakterseite zum Ausdruck bringen und weiter nichts als das.«

Theodor Fontane: Brief an Moritz Lazarus am 12. September 1891. In: WSB IV. 4. S. 156.

Bestimmung	**Erläuterung**	**Beispiel**
Verhältnis »Wirklichkeit/Kunst«		
Aufgaben des Romans bzw. der Kunst		
Anforderungen an die Figuren		

2023 Reclam Verlag / Joachim Hagner

11 Klausurvorschlag mit Lösungshinweisen

Klausuraufgabe: Effi in der Konfrontation mit sich selbst

Analysieren und interpretieren Sie den Textauszug aus *Effi Briest*, Reclam XL, 158,9–159,6, indem Sie
- ihn kurz kontextualisieren
- das Gespräch zwischen Effi und Crampas unter dem Gesichtspunkt des obigen Themas analysieren und
- den Beitrag beurteilen, den dieses Gespräch zu der katastrophalen Entwicklung von Effis Leben leistet

Hinweis: Berücksichtigen Sie bei der Analyse auch die Funktion des Raumes.

Lösungshinweise

Die im Folgenden aufgeführten Erwartungen beschreiben nur das Dass, nicht das Wie. Die Benotung hängt davon ab, in welchem Umfang und in welcher Qualität die Erwartungen erfüllt werden.

Anforderungsbereich I
• *Kontextualisierung:* Effi und Crampas reiten ein letztes Mal vor dem Winter gemeinsam aus, nachdem der Major kurz zuvor seine Behauptung von Innstettens erzieherischer Haltung zum Chinesen-Spuk geäußert hatte. Anders als geplant werden sie weder von dem überraschend beruflich verhinderten Innstetten noch von Kruse begleitet, der erkrankt ist. Crampas nutzt die Gelegenheit, um sich Effi anzunähern: durch literarische Anspielungen und auch körperlich. Das Gespräch findet am Ende eines Picknicks in den Dünen statt.

Anforderungsbereich II
• *Erläuterung von Effis Konfrontation mit sich selbst:* Einerseits will sie als mit all ihren charakterlichen Bedürfnissen bejaht werden und andererseits dem gesellschaftlichen Rollenleitbild entsprechen • *Analyse des Gesprächs im Rückgriff auf die Kommunikationstheorie Schulz von Thuns:* Effis Bedürfnis nach Bejahung zeigt sich an der Halbherzigkeit, mit der sie Crampas' literarisch bemäntelte Annäherungsversuche zurückweist, und an der Verwirrung, die sie befällt, als der Major sich und Effi auf die eine und Innstetten auf die andere Seite stellt (159,1–6). Ihr Bemühen, dem gesellschaftlichen Rollenleitbild zu entsprechen, äußert sich, wenn sie in ihren Zurückweisungen implizit auf gesellschaftliche Maßstäbe Bezug nimmt (»das berechtigt Sie doch nicht«, 158,17 f.; »es ist zum Lachen«, 158,24; »Schlüsse […], die mich kompromittieren«, 158,34 f.) oder explizit ihren Mann als Repräsentanten dieser Maßstäbe ins Spiel bringt. Dass sie Crampas nichts entgegnet, als dieser Effi auf seiner und Innstetten auf der anderen Seite verortet, macht vor diesem Hintergrund besonders deutlich, dass Effi in ihrer Konfrontation mit sich selbst dem Bedürfnis nach Bejahung den Vorzug gibt. Denn damit signalisiert sie dem Major auf der Beziehungsebene mindestens Gefallen an seinen Annäherungsversuchen, und auf der Appellebene fordert sie ihn dazu auf, diese Versuche fortzusetzen. Entsprechend weist sie die Rolle, in die Crampas sie drängen will, nicht in erster Linie zurück, weil sie mit den gesellschaftlichen Maßstäben unvereinbar wäre, sondern weil sie ihr »zu wenig schmeichelhaft« (158,31 f.) ist. Der Major soll seine Annäherungsversuche also nicht einstellen, sondern sie nur schmeichelhafter gestalten. Unterstützt und unterstrichen wird diese Entscheidung für die Bejahung und gegen das gesellschaftliche Rollenleitbild durch die Dünenlandschaft, die als ursprüngliche, wilde Landschaft – in einer Verbindung aus wirkendem und symbolischem Raum – zu der Missachtung der gesellschaftlichen Maßstäbe beiträgt, weil sie die außergesellschaftliche Sphäre symbolisiert.

Anforderungsbereich III

- *Bestimmung des Beitrags des Gesprächs zu der katastrophalen Entwicklung von Effis Leben:* Der Beitrag ist insofern erheblich, als das Gespräch einerseits Effis Konfrontation mit sich selbst verschärft. Sie hat hier dem Bedürfnis nach Bejahung so sehr die Zügel schießen lassen, dass sie sich von einem Ausgleich mit dem Bedürfnis, dem gesellschaftlichen Rollenleitbild zu entsprechen, weiter entfernt hat. Die Unzufriedenheit, die sie darüber empfindet (159,8), führt aber dazu, dass sie das Bemühen um Ausgleich kurz darauf ganz aufgibt und so den Dingen ihren Lauf lässt. Dazu trägt auch bei, dass es Crampas in diesem Gespräch gelingt, die durch die Unterstellung von Innstettens erzieherischer Haltung zum Chinesen-Spuk begonnene Distanzierung Effis von Innstetten fortzusetzen und ihr das Gefühl größerer Gemeinsamkeit mit ihm zu vermitteln. Indem dieses Gespräch Effi und den Major also ihrer Affäre und damit auch all deren verhängnisvollen Konsequenzen einen großen Schritt näher bringt, leistet es einen entscheidenden Beitrag zu der katastrophalen Entwicklung von Effis Leben.

Lösungshinweise zu den Arbeitsblättern

Lösungshinweise zu ARBEITSBLATT 1a (➤ **S. 11**)

<table>
<tr><th>Idylle</th><th colspan="2">Düstere Vorzeichen</th></tr>
<tr><td rowspan="9">»Sonnenschein« (5,4);
»Schaukel« (5,21);
»Gartenstühlen« (5,27);
»angenehmen« (5,28);
»Zerstreuung« (5,29);
Mutter und Tochter sitzen im angenehmen Schatten beieinander (5,29–33);
Mutter und Tochter verrichten gemeinsam eine Arbeit, nachdem sie zuvor offenbar zusammen gegessen haben (6,3–9);
die Mutter betrachtet ihre Tochter entzückt und voller Stolz (6,20–24);
Mutter und Tochter scherzen miteinander und scheinen sich gut zu verstehen (6,34–7,18);
Mutter und Tochter haben ein zärtliches Verhältnis zueinander (7,18 f.);
die Mutter ist freundlich zu den Freundinnen ihrer Tochter (7,23–30);
die Mutter hat Verständnis für die Bedürfnisse ihrer Tochter und von deren Freundinnen (7,30–33)</td><td>»einen breiten Schatten« (5,6 f.);</td><td>Schatten sind – auch sprichwörtlich – überwiegend negativ besetzt: »In jemandes Schatten stehen«.</td></tr>
<tr><td>»Kirchhofsmauer« (5,14 f.);</td><td>Mit der Kirch- oder Friedhofsmauer wird das Thema »Tod« angeschlagen.</td></tr>
<tr><td>das Schaukelbrett hängt »zu Häupten und Füßen« (5,22) an Stricken wie ein gehängter Mensch (5,21 f.);</td><td>Auch die Assoziation des Schaukelbretts mit einem Gehängten nimmt das Thema »Tod« auf.</td></tr>
<tr><td>»die Pfosten der Balkenlage schon etwas schief stehend« (5,23);</td><td>Was bereits etwas schief steht, ist in der Gefahr, irgendwann ganz zu fallen.</td></tr>
<tr><td>»niederbrannte« (5,30);</td><td>»Brennen« verbinden wir mit Empfindungen von Schmerz und Verletzungen.</td></tr>
<tr><td>Effi hat offensichtlich das Bedürfnis, die gemeinsame Arbeit mit der Mutter immer wieder für ihre Turnübungen zu unterbrechen (6,10–15);</td><td>Effi muss ein körperliches Bedürfnis unterdrücken, um zu tun, was ihre Mutter von ihr erwartet; allerdings gelingt ihr das nicht durchgängig.</td></tr>
<tr><td>»Übermut« (6,28 f.);</td><td>»Übermut« ist die gefährliche, schädliche Steigerung von Mut.</td></tr>
<tr><td>»Immer am Trapez, immer Tochter der Luft« (7,3 f.);</td><td>Auch das Trapez steht für Gefahr und Risiko, und wenn Effi »immer« am Trapez ist, heißt das, dass Gefahr und Risiko sie anziehen.</td></tr>
<tr><td>die Mutter ist beunruhigt durch Effis »wild[es]« (7,20) und »leidenschaftlich[es]« (7,20) Wesen (7,20 f.);</td><td>Hier spricht Frau von Briest aus, dass die Wildheit und Leidenschaftlichkeit von Effis Charakter Anlass zur Beunruhigung sind; Leidenschaft ist das, was Leiden schafft</td></tr>
<tr><td></td><td>»Sorgen und Ängste« (7,22 f.)</td><td>Effis Mutter wird diese Empfindungen nicht grundlos haben, wenn sie an ihre Tochter denkt.</td></tr>
</table>

Lösungshinweise zu ARBEITSBLATT 1b (> S. 12 f.)

Arbeitsauftrag 1:

Lebensdaten und Äußeres	
Wie alt bist du?	17 Jahre
Wo lebst du?	Im Herrenhaus zu Hohen-Cremmen im Havelland
Bist du dort glücklich?	uneingeschränkt
Wie siehst du aus?	mädchenhaft-sportlich; braune Augen
Wie wirkt deine Gestik?	graziös und übermütig
Wie wirkt dein Äußeres insgesamt?	anziehend; Herzensklugheit und Lebensfreude ausstrahlend

Umfeld und soziale Beziehungen	
In welchen gesellschaftlichen und wirtschaftlichen Verhältnissen bist du aufgewachsen?	Meine Eltern gehören zum alten Adel und sind wohlhabend.
Welche Menschen sind dir besonders wichtig?	Meine Mutter und meine Freundinnen.
Wie ist dein Verhältnis zu deiner Mutter?	Ich bewundere sie ein bisschen und bin bereit, mich ihren Vorstellungen und Wünschen anzupassen.
Wie würde deine Mutter dich beschreiben?	Als leidenschaftlich und lebenslustig, mutig oder gar übermütig, risikofreudig.
Wie ist dein Verhältnis zu deinen Freundinnen?	Ich verbringe gerne Zeit mit ihnen und mag es, wenn sie meinen Vorstellungen folgen.
Wie würden deine Freundinnen dich beschreiben?	Als selbstbewusst, phantasiebegabt, anregend und unkonventionell, waghalsig, aber auch etwas selbstbezogen, eitel und dominant und mitunter schlüpfrig.

Selbstbild	
Was mag ich?	Aufregendes; Zerstreuung; körperliche Betätigung; im Mittelpunkt zu stehen; gewinnen
Was mag ich nicht?	Langeweile; Konventionen; ältliche Männer
Was ist dir im Leben wichtig?	gesellschaftliches Ansehen
Wie lautet dein Lebensmotto?	Was kann schon schiefgehen?

Lösungshinweise zu ARBEITSBLATT 2a (➤ S. 24) (Seite 1 von 3)

Nr.	Hinweis	Ursache
1	Effi hat offensichtlich das Bedürfnis, die gemeinsame Arbeit mit der Mutter immer wieder für ihre Turnübungen zu unterbrechen (6,10–15)	Effis Unvermögen, ein körperliches Bedürfnis durchgängig zugunsten einer von der Mutter gewünschten Tätigkeit zu unterdrücken, könnte die gleiche Ursache haben wie das spätere Unvermögen, die Bedürfnisse, die sie in die Arme eines Liebhabers treiben, zugunsten des gesellschaftlich Gebotenen zu unterdrücken: Hier zeigt sich eine körperliche Energie, die sich durch fremde Ansprüche nicht bändigen lässt. Insofern würde hier auch schon eine Ursache für das Scheitern von Effis Ehe, ihr Verstoßen-Werden durch die Eltern, die gesellschaftliche Ächtung und ihre Einsamkeit sichtbar. ➤ **nicht zu bändigende körperliche Energie**
2	»Übermut« (6,28 f.)	Auch der Übermut könnte eine charakterliche Ursache für Effis Affäre und ihre Konsequenzen sein, da er zur Überschreitung von Grenzen jedweder Art, zum Aus- und Überreizen von Möglichkeiten drängt. ➤ **Übermut**
3	»Immer am Trapez, immer Tochter der Luft.« (7,3 f.)	Wer gerne mit dem Feuer spielt, wird sich auch immer wieder verbrennen, und wenn das Feuer die Reize einer außerehelichen Beziehung oder der Bruch mit gesellschaftlichen Konventionen sind, bedeutet die Verbrennung die gesellschaftliche Ächtung und in ihrer Folge die Einsamkeit. ➤ **Neigung zu Risiko und Gefahr**
4	die Mutter ist beunruhigt durch Effis »wild[es]« (7,20) und »leidenschaftlich[es]« (7,20) Wesen (7,20 f.)	Wildheit und Leidenschaft könnten die charakterlichen Ursachen für die Neigung zum Spiel mit dem Feuer und deren Konsequenzen sein; außerdem kommen sie als Ursachen für die seelische Erschöpfung in Frage, an der Effi u. a. stirbt, denn ein wilder und leidenschaftlicher Mensch verbraucht sich schneller als ein gemäßigter. ➤ **Wildheit und Leidenschaftlichkeit**
5	Effi: »Denkt doch mal nach, ich falle jeden Tag wenigstens zwei-, dreimal, und noch ist mir nichts gebrochen.« (9,18–20)	Hier zeigen sich wieder Effis charakterliche Neigung zu Risiko und Gefahr und ihr Übermut, den Hulda sogar als »Hochmut« (9,23) bezeichnet und vor dessen schädlichen Folgen sie ihre Freundin sprichwörtlich warnt: »Hochmut kommt vor dem Fall« (9,23 f.). ➤ **Neigung zu Risiko und Gefahr**
6	»Wenn ich ein junger […] so was gesagt habe.« (11,1–8)	Huldas Kritik an Effis Äußerung unter Verweis auf das vierte Gebot: »Du sollst deinen Vater und deine Mutter ehren« (Altes Testament, 2. Mose 20,12) macht die Pastorentochter zur Verkörperung der christlichen Moral der zeitgenössischen Gesellschaft, die die Liebe zu einer verheirateten Frau verurteilen würde. Dass Effi ihre Äußerung dagegen keineswegs als unvereinbar mit dem vierten Gebot, sondern schlicht als Kompliment an ihre Mutter und damit im Einklang mit diesem Gebot sieht, dass sie sich also die Freiheit einer eigenen Auslegung nimmt, gibt eine Unabhängigkeit des Urteils von den anerkannten gesellschaftlichen Auffassungen zu erkennen, die Konfliktpotential birgt und damit eine mögliche Ursache für Effis spätere gesellschaftliche Ächtung sein könnte. ➤ **geistige Unabhängigkeit**

Nr.	Hinweis	Ursache
7	»Und dann wollen […] alles wieder gut …« (13,7–19)	Dass Effi in einer Situation, die von Unbeschwertheit und Glück gekennzeichnet ist, mit der Trauer spielen will, mag ihrem Bewusstsein von der Sicherheit und Geborgenheit zuzuschreiben sein, das ihre Lebenssituation kennzeichnet. Doch es ist auch ein erneutes Indiz für den Übermut, der sie charakterlich ausmacht, denn ihre Freundinnen, die genauso sicher und geborgen leben, kokettieren nicht mit der Trauer. **➤ Übermut**
8	»Hertha, nun ist […] behalte so was.« (13,25–14,3)	Auch diese Textstelle macht wieder Effis Neigung zu Risiko und Gefahr und ihren Über- und vielleicht sogar Hochmut sichtbar, wenn sie das Ertränken untreuer Frauen einerseits als etwas erwähnt, das weit von ihr entfernt ist (»hier kommt so was nicht vor«, 13,30 f.), andererseits aber zu erkennen gibt, dass das Thema sie nachhaltig beschäftigt (»Ich behalte so was«, 14,3). **➤ Neigung zu Risiko und Gefahr, Über- und Hochmut**
9	»Übrigens Midshipman oder […] einen Kuss geben.« (14,17–24)	Effis Begeisterung für einen Mastbaum, den man mithilfe einer Strickleiter, einer deutlich gefährlicheren, schwankenden Spielart einer Treppe, erklimmen kann, und ihre Freude angesichts der Vorstellung, oben am Mastbaum einen Wimpel zu befestigen, offenbart abermals ihre körperliche Energie und ihre Neigung zu Risiko und Gefahr. Dass sie sich zudem vorstellt, Hulda in dieser gefährlichen Position ausgerechnet zu küssen und nicht etwa nur ihre Hand zu nehmen, um dann gemeinsam jubelnd die Arme hochzureißen, gibt sowohl der körperlichen Energie als auch dem Risiko oder der Gefahr, die Effi anzieht, eine Färbung ins Erotische. Diese erotische Energie und die Anziehung durch erotische Risiken und Gefahren wäre eine weitere mögliche Ursache für den späteren Ehebruch und dessen Folgen. **➤ erotische Energie, Neigung zu erotischen Risiken und Gefahren**
10	»Ach, geh mir […] es nicht verraten.« (15,1–5)	Sowohl Effis Zitat der Spruchweisheit »Stille Wasser sind tief« (15,1) als auch ihre offensichtlich schlüpfrige Erinnerung Huldas an deren Entlangrutschen auf dem Scheunendach zeigen eine Sensibilisierung für die erotische Bedeutung von Handlungen: Denn sie unterstellt, dass dieses Entlangrutschen, bei dem vermutlich Huldas Kleid hochgeschoben wurde, so dass dadurch ihre Beine sichtbar wurden, an Vetter Briest adressiert war, der, wie sie betont, »schon groß genug« (15,3) war, um für Hulda interessant und für dergleichen empfänglich zu sein. Dass Effi auf ihre Frage »Und warum?« (15,4) selbst antwortet: »Nun, ich will es nicht verraten« (15,4 f.), zeigt dabei zum einen, dass sie – möglicherweise anders als Hulda – aufgrund einer erotischen Sensibilität den Grund für das Entlangrutschen genau zu kennen glaubt, und es macht zum anderen deutlich, dass dieser Grund in ihren Augen wohl in den Bereich des Riskanten oder Gefährlichen gehört, denn sonst dürfte man ihn ja getrost verraten. Die Verbindung von Risiko und Gefahr auf der einen und dem Erotischen auf der anderen Seite zeigt sich somit auch hier, und dass sie auf Effi anziehend wirkt, hatte schon der Hinweis 14,17–24 nahegelegt. **➤ erotische Sensibilität, Neigung zu erotischen Risiken und Gefahren**

Nr.	Hinweis	Ursache
11	»Hinter den Rhabarberstauden […] ein Feigenblatt … […] Pfui …« (15,33–35)	Hier gibt Effi einem Ding eine erotische Bedeutung, wenn sie die Blätter der Rhabarberstauden mit einem Feigenblatt vergleicht und damit auf die Nacktheit von Adam und Eva anspielt, die beide sich mit einem Feigenblatt verhüllten, nachdem sie verbotenerweise vom Baum der Erkenntnis gegessen hatten – der zwar Äpfel trug, meistens aber als Feigenbaum dargestellt wurde. Das »Pfui« (15,35) von Hulda, die auch hier wieder die christliche Moral der zeitgenössischen Gesellschaft verkörpert, zeigt dabei nicht nur, dass sie diese Anspielung sehr wohl verstanden hat, sondern auch, dass sie deren Sinn verurteilt. Effi offenbart also abermals eine Sensibilität für und eine Anziehung durch das Erotische, die die Gesellschaft ihrer Zeit nicht toleriert. ➤ **erotische Sensibilität und Energie**
12	»Natürlich muss er […] und gut aussehen.« (20,13 f.)	In dieser Äußerung Effis zeigt sich, dass sie die Werte ihres Standes verinnerlicht hat und entsprechend gesellschaftlich ehrgeizig ist (»Natürlich muss er von Adel sein«, 20,13) und dass sie auf materiellen Reichtum aus ist (»und eine Stellung haben«, 20,14). Die Verinnerlichung der Standeswerte führt jedoch dazu, dass sie über diese Werte zunächst gar nicht nachdenkt und zufrieden ist, wenn ihr gesellschaftlicher Ehrgeiz und ihr Besitzstreben bedient werden, und erst später bemerkt, dass ihr etwas fehlt. ➤ **Verinnerlichung von Standeswerten, gesellschaftlicher Ehrgeiz, Besitzstreben**
13	»Alle diese Dinge […] Truhe voll Weißzeug.« (23,30–35)	Wenn jemand in seinen »Vorstellungen und Träumen« (23,32) lebt und darüber die Wirklichkeit vernachlässigt, läuft er in Gefahr von Ernüchterungen und Enttäuschungen, wenn er dann doch einmal gezwungen ist, sich mit der Wirklichkeit zu befassen. ➤ **träumerisches Wesen**
14	»An dem Besitze […] war sie anspruchsvoll.« (24,1–15)	Dass Effi nur »das Beste« (24,8) und »ganz Apartes« (24,14) akzeptiert, kann einmal materiell aufgefasst werden: Dann macht sie diese Eigenschaft abhängig von einem bestimmten Wohlstand, zu dem sie aus eigener Kraft nicht gelangen kann, und bringt sie so in eine Abhängigkeit von dem Partner, der ihn gewährleistet. Diese Abhängigkeit passt aber nicht zu Effis Leidenschaft und geistiger Unabhängigkeit. Außerdem könnte man die Ausrichtung auf das Beste im übertragenen Sinne nehmen, und dann wäre darin eine immer wieder auftretende Unzufriedenheit Effis angelegt, weil sie das Beste – zumal in Liebesangelegenheiten – nicht immer bekommen kann. ➤ **Bedürfnis nach dem Besten und Aparten, anspruchsvoll**

Lösungshinweise zu ARBEITSBLATT 3b (➤ S. 38–40)

Darstellung in *Effi Briest*	entspricht der Verkündigungs-Darstellung von
Gebäude	
quadratische Fliesung des Bodens	Broederlam; Memling (Abb. 4, Abb. 6); Ehninger Altar
Säulengang	Broederlam; Ehninger Altar
Treppe von der Außenanlage ins Innere	Petrus Christus; Campin-Werkstatt
Anlage	
Sonnenuhr	[keine Parallele]
Mauer als Gartenbegrenzung	Petrus Christus; Memling (Abb. 4); Ehninger Altar; Campin-Werkstatt
Kirche	[keine Parallele]
Tür in der Mauer	Memling (Abb. 4), Mérode-Altar
abgeschlossener Garten	Broederlam; Petrus Christus; Memling (Abb. 4); Ehninger Altar; Campin-Werkstatt
Schaukel	[keine Parallele]
Effis Kleidung	
»blau und weiß gestreiftes, halb kittelartiges Leinwandkleid, dem erst ein fest zusammengezogener, bronzefarbener Ledergürtel die Taille gab [➤ fließende Form]; der Hals war frei, und über Schulter und Nacken fiel ein breiter Matrosenkragen« (6,24–28)	Broederlam (blaues Kleid, fließende Form, freier Hals); Petrus Christus (blaues Kleid, fließende Form; freier Hals); Memling Abb. 4 (blaues Kleid, fließende Form, freier Hals); Memling Abb. 6 (weißes Kleid mit blauem Überwurf, fließende Form, freier Hals); Ehninger Altar (blaues Kleid, fließende Form; freier Hals); Campin-Werkstatt (fließende Form, freier Hals, blaues Tuch auf der Bank)

2.

Ereignis	Deutung
Effi hat Angst vor dem Chinesen(-Spuk) (z.B. 81,21–84,21)	Im erwachenden Bewusstsein ihrer erotischen Bedürfnisse hat Effi Angst vor deren Folgen. Zu diesem Zeitpunkt wäre es auch noch denkbar, dass Effi sich vor der »Hochzeitsnacht« fürchtet. Johanna zumindest scheint das zu denken, wenn sie auf Effis Offenbarung ihrer Angst erwidert: »Ach, das gibt sich, gnäd'ge Frau, die hatten wir alle.« (81,24) Und dazu würde passen, dass Fontane auch in anderen Romanen andeutet, dass Hochzeitsnächte für die Frauen etwas »[F]urchtbares« waren. Doch für diese Deutung müsste man unterstellen, dass es bis zu diesem Zeitpunkt keine »Hochzeitsnacht« gab, also auch während der Hochzeitsreise nicht. Außerdem würde sie nicht zu der erotischen Neugier passen, die sich bei Effi bereits bemerkbar macht.
Effi bittet Innstetten, sie nicht mehr alleinzulassen (86,8–10)	Sie bittet ihn um mehr erotische Aufmerksamkeit, damit ihre diesbezüglichen Bedürfnisse sie nicht in eine falsche Richtung gehen lassen.
Effi schreibt ihrer Mutter aus der Monotonie des Kessiner Januars und Februars heraus, dass sie sich mitunter fast wünscht, dass der Spuk »doch nur wiederkäme, nur nicht zu arg und nicht zu nah« (115,29f.), nachdem unmittelbar zuvor von Innstettens »etwas müden Zärtlichkeiten« (115,9) berichtet wurde.	Da ihr Bedürfnis nach Zerstreuung so wenig befriedigt wird wie das erotische, sehnt sie sich fast nach der Angst vor den Folgen dieses Bedürfnisses, das sie immerhin emotional ausgefüllt hatte.
Beim gemeinsamen Betreten der neuen Berliner Wohnung sagt Effi: »Nein, Geert, damit [mit dem Spuk] ist es nun vorbei. Nun bricht eine andere Zeit an, und ich fürchte mich nicht mehr und will auch besser sein als früher und dir mehr zu Willen leben.« (228,5–7)	Nach dem Ende der Affäre mit Crampas gelobt Effi eheliche Treue. Die damit für sie verbundene Unterdrückung ihrer Bedürfnisse bedeutet zugleich die Rückkehr in die gesellschaftlich vorgesehene Rolle der Ehefrau, die eine solche Unterdrückung fordert: Die Distanzierung von ihren eigenen Bedürfnissen geschieht daher in Verbindung mit einer Unterwerfungsgeste!

3.

Innstettens Haltung zeigt eine bemerkenswerte Ambivalenz, da er den Spuk einerseits zu »Traum, Sinnestäuschung« (87,26) erklärt und ihn relativiert (88,13–18), seinen Realitätscharakter andererseits aber auch auf Nachfrage nicht völlig ausschließen will (88,10–13) und ihn zu einem »Vorzug« (88,21) adliger Familien erklärt.

4.

Crampas unterstellt Innstetten eine Nutzung von Effis Spuk-Angst zu erzieherischen Zwecken: Er hält ihre Angst wach, um sie vor verhängnisvollen Folgen ihrer erotischen Bedürfnisse zu schützen, von denen er vielleicht ahnt, dass er sie nicht befriedigt.

Lösungshinweise zu ARBEITSBLATT 5 (➤ S. 53–55) (Seite 2 von 2)

5.

Der Eindruck einer erzieherischen Absicht in Innstettens Umgang mit Effis Spuk-Angst ist nicht von der Hand zu weisen: Er bringt den Spuk immer wieder in Erinnerung und stellt ausdrücklich einen Zusammenhang mit einem reinen oder schlechten Gewissen her.

6.

Nachdem Crampas seine Deutung einmal ausgesprochen hat, geht sie Effi nicht mehr aus dem Kopf. Sie weckt Zweifel an Innstetten und stellt gleichzeitig Nähe zu Crampas her.

7.

Als Symbol für das Erotische und Effis erotische Bedürfnisse erschließt der Chinese(n-Spuk) eine auf den ersten Blick verborgene Bedeutung von Ereignissen, die sonst unverständlich oder überflüssig erschienen wären. Insofern ist er »an und für sich« interessant. »Drehpunkt« der Geschichte wird er dadurch, dass Crampas mit seiner Deutung von Innstettens Haltung zu dem Spuk einen Keil zwischen die Eheleute treibt, Nähe zu Effi herstellt und die Handlung so in die neue Richtung auf den Ehebruch »dreht«.

Lösungshinweise zu ARBEITSBLATT 6a (➤ S. 65–67) (Seite 1 von 2)

Arbeitsauftrag 2:

Beispiele	Ein Paar sitzt in einem Auto, das vor der Ampel hält. Der Beifahrer sagt zu der Fahrerin: »Die Ampel ist grün.«	Ein Vater betritt das unordentliche Zimmer seiner 15-jährigen Tochter, schüttelt den Kopf und verlässt kommentarlos das Zimmer.	
Sachebene	Die Ampel zeigt grün.	Dein Zimmer ist unordentlich.	
Selbst-kundgabe	Ich habe es eilig.	Ich mag keine Unordnung. Ich bin verärgert oder resigniert.	
Beziehung	Ich mag nicht, dass Du manchmal so langsam reagierst. Ich würde es besser machen als Du.	Ich bin enttäuscht von Dir! Es ist sinnlos, mit Dir zu reden.	
Appell	Gib Gas!	Räum Dein Zimmer auf!	

Arbeitsauftrag 3:

Beispiel	**Antwort**	**Ebene**
1	»Fahr doch selbst!«	Beziehung
2	»Du kümmerst Dich doch sonst auch nicht um mich!«	Beziehung
3		

Arbeitsauftrag 4 und 5:

Äußerung	»Ach, Geert, Gott […] wieder allein lassen.« (86,8–10)	»Meine liebe Effi […] eine Tasse Kaffee.« (86,11–20)	»Du sollst recht […] danach als du …« (86,22–25)	»So sind alle Frauen« (86,26)
Sachebene	Ich hatte eine schreckliche Nacht.	Ich bin gezwungen, Dich allein zu lassen.	Deine Sicht ist die richtige.	Schön, dass Du ein-sichtig bist.
Selbstkundgabe	Ich habe Angst, dass ich meinem Rollen-bild und Deinen Vor-stellungen nicht ent-sprechen kann.	Die Meinung meiner Vorgesetzten ist mir wichtiger als Deine Nöte. Ich habe Angst, mich lächerlich zu machen.	Ich tue alles, um mei-nem Rollenbild und Deinen Vorstellungen zu entsprechen.	Ich mag keinen Streit.
Beziehung = Ebene, auf der Effis Konfrontation mit sich selbst besonders deutlich wird	Ich fühle mich von Dir – auch erotisch – vernachlässigt.	Du verhältst Dich mir gegenüber rück-sichtslos.	Ich ordne mich und meine Bedürfnisse Dir unter.	Ich habe mich nicht in Dir getäuscht.
Appell	Kümmere Dich mehr um mich! Nimm mich auch erotisch wahr.	Denk auch mal an mich und beruhige Dich!	Glaub an mich!	Weiter so!

> S. 65–67)

Arbeitsauftrag 6:

Innstetten hört schwer auf dem Beziehungs-Ohr, und auf dem Selbstkundgabe-Ohr ist er völlig taub.

Grund für die Schwerhörigkeit ist seine Selbstbezogenheit, die nicht – wie in Effis Fall – von einer Offenheit für den anderen und einer Anpassungsbereitschaft ergänzt wird: »Er hatte das Gefühl, Effi zu lieben, und das gute Gewissen, dass es so sei, ließ ihn von besonderen Anstrengungen absehen.« (114,16–18) Innstetten geht in der Beziehung zu Effi ausschließlich von *seinem* Gefühl aus, und das gesellschaftliche Rollenleitbild gibt ihm darin recht. Dass er außerdem immer wieder spürt, dass Effi selbst diesem Bild ebenfalls entsprechen will, verhindert zusätzlich, dass er sich Gedanken über Effis Empfindungen und Bedürfnisse macht.

Innstettens Selbstbezogenheit ist auch der Grund für die Taubheit auf dem Selbstkundgabe-Ohr, denn um auf diesem Ohr etwas hören zu können, müsste er sich auf seine Frau und ihre Bedürfnisse einlassen, und das kann er offenkundig nicht.

Die Kommunikation zwischen Effi und Innstetten gelingt hier also nicht: Während Effi immerhin eine Vorstellung von Innstettens Erwartungen an sie hat und sich bemüht, ihnen zu entsprechen, lässt ihr Mann sich so gut wie gar nicht auf sie ein und kann sie deshalb auch nicht verstehen. Da das Misslingen dieser Kommunikation seine Ursache aber in Charakterzügen hat, ist die Kommunikation zwischen Effi und Innstetten grundsätzlich zum Scheitern verurteilt.

Arbeitsauftrag 7:

Würde Innstetten Effis Bedürfnis, seinem Bild von ihr zu genügen, kennen und verstehen, könnte er ihr in ihrer Konfrontation mit sich selbst beistehen, indem er z. B. dieses Bedürfnis anspricht und es lobt oder Effi deutlich macht, wo es ihr gelingt, sich entsprechend zu entwickeln, oder ihr am besten vermittelt, dass das nicht nötig ist. So aber wird sie in ihrer Konfrontation mit sich selbst allein gelassen.

Lösungshinweise zu ARBEITSBLATT 6d (> S. 70)

Arbeitsauftrag 1:

Sinnabschnitt Nr. (S/Z-S/Z)	**Inhalt**
1 (31,9–12)	Effi wünscht sich exotische Einrichtungsgegenstände.
2 (31,13)	Ihre Mutter reagiert mit beredtem Schweigen.
3 (31,14 f.)	Effi äußert die Sorge, ihre Mutter könnte ihren Wunsch unpassend finden.
4 (31,16–25)	Ihre Mutter zerstreut ihre Sorge mit dem Hinweis auf ihre Kenntnis von Effis Vorlieben.
5 (31,26 f.)	Effi bestätigt dankbar, was die Mutter als ihre Vorlieben beschrieben hat.
6 (31,28–35)	Ihre Mutter warnt vor einer möglichen negativen Bewertung dieser Vorlieben durch die Gesellschaft und rät Effi zum Abrücken von ihrem Wunsch.
7 (32,1–3)	Effi unterstreicht noch einmal dessen Bedeutung für sie.
8 (32,4–7)	Ihre Mutter stuft Effis Wunsch als kindlich-poetisch ein und stellt ihm die Wirklichkeit gegenüber.
9 (32,8 f.)	Effi kann nicht mehr darauf antworten.

Arbeitsauftrag 2:

Hier macht sich vor allem Effis **träumerische** Veranlagung bemerkbar. Außerdem käme ihr Hang zum **Anspruchsvollen** in Betracht.

Arbeitsauftrag 3:

Zunächst scheint sie Effis Wunsch aufgeschlossen zu begegnen: Sie bezeichnet ihn ausdrücklich als etwas nicht »Unpassendes« (31,16) und äußert Verständnis für Effis Wesen und ihre Vorlieben (31,16–25). Auf diese Weise senkt sie mögliche Widerstände gegen die anschließende Ablehnung des Wunsches: Denn wer sich von seinem Gegenüber verstanden fühlt, empfindet das erstens positiv wie Effi hier auch (31,26 f.). Zweitens geht er davon aus, dass sein Gegenüber ihm nur dann etwas abschlagen wird, wenn es dafür besonders schwerwiegende Gründe gibt. Wenn Luise von Briest also anschließend auf die Gefahr verweist, dass Effi sich in den Augen der Gesellschaft lächerlich machen könnte oder »noch Schlimmeres« (31,35), wird ihre Tochter das für einen solchen schwerwiegenden Grund halten und eher geneigt sein, die Ablehnung zu akzeptieren.

Als Effi dann doch noch einmal ihren Wunsch unterstreicht, stuft ihre Mutter ihn als kindlich-poetisch ein und spielt dagegen ihre größere Lebenserfahrung aus: Sie hält ihrer Tochter eine Behauptung entgegen, die sie als Tatsache präsentiert, ohne dass Effi sie überprüfen könnte (32,6 f.).

Arbeitsauftrag 4:

Effi dürfte zunächst enttäuscht sein, dass ihr Wunsch nicht erfüllt wird. Angesichts der letzten Äußerung ihrer Mutter wird sie sich außerdem fragen, was ihr das Verständnis ihrer Mutter nützt, wenn diese am Ende doch von sich ausgeht. Ob das auch dazu führt, dass sie dieses Verständnis insgesamt infrage stellt, lässt sich hier nicht klären. In jedem Fall aber dürfte eine so leidenschaftliche und geistig unabhängige Person wie Effi – wie schon bei der Mitteilung des Verlobungsantrags von Innstetten – ein gewisses Gefühl der Ohnmacht empfinden, nachdem ihre Mutter das letzte Wort gesprochen hat. Und in keinem Fall wird Effi sich in dieser Situation mit ihren charakterlichen Bedürfnissen bejaht fühlen.

Lösungshinweise zu ARBEITSBLATT 6e (➤ S. 71)

Arbeitsauftrag 2:

Effi möchte den Umzug in ein anderes Haus erreichen.

Arbeitsauftrag 3:

Dass Effi sich vor dem Chinesen(-Spuk) so sehr fürchtet, liegt daran, dass sie **phantasiebegabt** ist. Insofern ist es vor allem diese Charaktereigenschaft, die sie den Umzug anstreben lässt. Nimmt man die erotische Bedeutung des Chinesen(-Spuks) hinzu, die bereits erschlossen wurde, dann würde sich hier außerdem Effis **erotische Sensibilität** bemerkbar machen.

Arbeitsauftrag 5:

Effis Strategie scheitert daran, dass

- Innstetten ihre Furcht nicht versteht,
- er deshalb das Ausmaß ihres Verständnisses für ihn nicht ermisst und ihr entsprechend auch nicht entgegenkommt,
- ihm sein gesellschaftliches Ansehen wichtiger ist als eine Beendigung von Effis Leid,
- er sie zuletzt in eine klare Frontstellung sich gegenüber bringt

Arbeitsauftrag 6:

Dass die Gespräche stets mit einem für Effi negativen Ergebnis und zweimal zu einem Zeitpunkt enden, zu dem sie nicht alles sagen konnte, was sie vielleicht noch gesagt hätte, unterstreicht die Aussichtslosigkeit ihrer Versuche, bei den ihr am nächsten stehenden Menschen eine Bejahung ihrer charakterlichen Bedürfnisse zu erreichen. Außerdem macht ihr das die Einsamkeit schmerzhaft deutlich.

Lösungshinweise zu ARBEITSBLATT 7e (> S. 89 f.)

Arbeitsauftrag 2:

Argumente für das Duell	Argumente gegen das Duell
• das »uns tyrannisierende Gesellschafts-Etwas« (265,13 f.): Wer in einer bestimmten Gesellschaft lebt, der muss sich an ihren Maßstäben messen lassen und darauf Rücksicht nehmen. Außerdem verinnerlicht der Einzelne diese Maßstäbe so sehr, dass er sich auch selbst daran misst. Tut er etwas, was die Gesellschaft verachtet, dann verachtet er sich am Ende selbst (264,23–265,16) • die Mitwisserschaft Wüllersdorfs: Dieser ist erstens Teil der Gesellschaft, zu der Innstetten gehört, und damit auch Repräsentant ihrer Maßstäbe (265,18–35). Zweitens fürchtet Innstetten, dass Wüllersdorf ihn mitleidig betrachten könnte (266,10–12). Und zuletzt geht er davon aus, dass Wüllersdorf alles, was er und Effi in Zukunft sagen oder tun, im Licht dieser Mitwisserschaft betrachten wird. Innstetten wäre dadurch gezwungen, sich in allen Äußerungen und Handlungen, von denen Wüllersdorf Kenntnis hat, wie jemand zu verhalten, der sich für eine Verletzung nicht gerächt, einen »Fleck auf [s]einer Ehre« (265,31 f.) nicht getilgt hat. Dieses Bewusstsein wäre Innstetten aber unerträglich	• die »Verjährungstheorie« (263,11 f.): Die Affäre liegt so lange zurück, dass das Gefühl der Verletzung keinen Hass oder Rachedurst mehr auslöst (263,3–264,9) • Innstetten empfindet trotz seines Wissens um die Affäre noch Liebe für Effi und würde ihr und Crampas deshalb verzeihen (264,9–15)

Arbeitsauftrag 3:

Obwohl das »tyrannisierende Gesellschafts-Etwas« in alle Argumente hineinspielt, ist es am Ende die Mitwisserschaft Wüllersdorfs, die den Ausschlag gibt. Denn in Wüllersdorf nimmt das »Gesellschafts-Etwas« konkrete Gestalt an: Jeder Gedanke an ihn und jede Begegnung würde ihn stets daran erinnern, dass er sich nach den Maßstäben seiner Gesellschaft ehrlos verhalten hat. Und da Wüllersdorf außerdem nicht bestreitet, dass er Innstetten künftig immer mit den Augen dieser Mitwisserschaft betrachten würde, sieht Innstetten keinen anderen Ausweg als die Anerkennung der gesellschaftlichen Maßstäbe und die Wiederherstellung seiner Ehre durch das Duell.

Arbeitsauftrag 4a:

Es ist zum einen die Unmöglichkeit zu entscheiden, ob es nicht doch eine Verjährung gibt, die Innstetten im Rückblick an der Notwendigkeit des Duells zweifeln lässt (272,31–273,20). Zum anderen liest er in dem letzten Blick des sterbenden Crampas einen Hinweis auf seinen prinzipiellen Charakter als eigentlichen Grund für das Duell (273,20–23). Diesem Hinweis kann er eine gewisse Berechtigung dabei nicht absprechen, weil er kein leidenschaftliches Gefühl in sich feststellen kann, das er als Grund hätte anführen können (273,24–28). Im Nachhinein kann er »Prinzipienreiterei« (273,22) als Grund aber nicht mehr gelten lassen (273,23 f.).

Arbeitsauftrag 4b:

Die Notwendigkeit, sich von Effi zu trennen, ergibt sich für Innstetten aus dem Duell, mit dem die Affäre unwiderruflich publik werden muss: Er muss die einmal angefangene »Komödie [...] nun fortsetzen« (273,30). Weil Innstetten sich zu dem Duell aber durch das tyrannische »Gesellschafts-Etwas« (265,13 f.) gezwungen sah, schafft das auch die Notwendigkeit der Trennung von Effi.

Um beides zu vermeiden, hätte Innstetten nur die Briefe verbrennen müssen. Denn dadurch hätte es gar nichts gegeben, was er in den Augen des »Gesellschafts-Etwas« hätte ahnden müssen (273,31–274,1). Allerdings hätte er dann nicht einmal Wüllersdorf einweihen dürfen, da dieser ja Teil des »Gesellschafts-Etwas« ist.

Lösungshinweise zu ARBEITSBLATT 8 (➤ S. 95 f.) (Seite 1 von 2)

Arbeitsauftrag 4a:

Äußerung	**330,28–31** (»Nein, nein; etwas […] versöhnt mit i h m«)	**330,32–35** (»Warst du denn […] euer Leid heraufbeschworen«)	**331,1–8** (»Ja, Mama. Und […] meine Lippen gekommen«)	**331,9** (»Und das bedrückt dich jetzt?«)	**331,10–22** (»Ja. Und es […] rechte Liebe ist.«)
Sachebene	Ich trage Innstetten nichts mehr nach.	Du bist nicht in der Position zu verzeihen, da Du schuld bist an Deinem und seinem Leid.	Ich konnte die Schuld nicht immer bei mir allein sehen.	Deine Verwünschungen sollten Dich bedrücken.	Innstetten hat nach seinen Maßstäben richtig gehandelt und war im Rahmen seiner Möglichkeiten ein guter Mensch. Diese Möglichkeiten sind aber begrenzt.
Selbstkundgabe	Ich bin diejenige, auf deren Verzeihung er angewiesen ist.	Ich bleibe meinen Werten treu.	Ich habe Innstettens Verhalten mir gegenüber als grausam empfunden.	Deine Empfindungen irritieren mich.	Mich hat sein Verhalten dennoch tief verletzt.
Beziehung	Ich weiß, was Du erwartest und komme Dir entgegen.	Diese Werte sind mir wichtiger als Du.	Mein Leid kann Dir als meiner Mutter doch nicht gleichgültig sein.	Ich habe kein Verständnis für Dich.	Du bist offenbar auch ohne rechte Liebe und kannst mich daher nicht verstehen.
Appell	Sieh bitte mein Entgegenkommen!	Mach Dir nichts vor!	Bitte hab Verständnis für mich!	Enttäusche mich nicht!	Bitte lass mir jetzt meine Ruhe!

Arbeitsauftrag 4b:

Hohen-Cremmen hat mit Blick auf Luise von Briest eine **charakterisierende Funktion**: Als Wohnsitz einer adligen Familie verkörpert das Herrenhaus die Werte des Adels, die Effis Mutter prägen. In Hinsicht auf Effi ist Hohen-Cremmen **Akteur**: Als räumliche Verkörperung der Werte ihrer Mutter trägt es zu ihrer Entscheidung bei, den Anschein einer positiven Bewertung von Innstettens Charakter zu erzeugen.

Arbeitsauftrag 4c:

Effi muss im Laufe des Gesprächs mit ihrer Mutter realisieren, dass diese kein Verständnis für Effis frühere negative Bewertung von Innstettens Charakter aufbringt: In Luise von Briests Augen hat ihre Tochter die gesellschaftlichen Normen verletzt, während Innstettens Verhalten damit im Einklang stand. Dass er Effi tiefes Leid zugefügt hat, spielt für ihre Mutter vor diesem Hintergrund kaum eine Rolle. Wenn Effi ihre negative Bewertung zuletzt also nur noch durch die Anspielung auf das Neue Testament (1. Korinther) zum Ausdruck bringt und Innstetten ansonsten Gutes bescheinigt, dann hat sie schlicht resigniert und tut, was Kinder ihren Eltern gegenüber in solchen Situationen tun: Sie sagt, was ihre Mutter hören will, um ihre Ruhe zu haben. Dass das Gespräch dabei in Hohen-Cremmen stattfindet, dürfte zu dieser Entscheidung beigetragen haben. Denn das Herrenhaus gehört in die Sphäre der gesellschaftlichen Normen, die Effis Mutter vertritt.

Lösungshinweise zu ARBEITSBLATT 10 (➤ S. 106–108)

Arbeitsaufträge 2 und 3:

Bestimmung	Erläuterung	Beispiel
Verhältnis »Wirklichkeit/Kunst«	Die Wirklichkeit liefert das Material, das die Literatur dann so gestaltet, dass allgemeingültige Wahrheiten über den Menschen vermittelt werden.	Im Roman werden die infrage kommenden wirklichen Vorbilder Hohen-Cremmens so verändert, dass das Herrenhaus und seine Anlage christliche Rollenleitbilder symbolisieren können.
Aufgaben des Romans bzw. der Kunst	Der Roman soll die Wirklichkeit einerseits glaubhaft abbilden, ihr Bild aber andererseits so gestalten, dass es Erkenntnis und intensive Anteilnahme ermöglicht. Außerdem soll er auf das – insbesondere menschlich – Schöne in der Wirklichkeit aufmerksam machen und auf diese Weise zur Verschönerung des Daseins seiner Leserinnen und Leser beitragen.	Ehen zwischen jungen Frauen und deutlich älteren Männern hat es immer gegeben, doch durch die Gestaltung der Charaktere Effis und Innstettens macht der Roman deutlich, unter welchen Bedingungen solche Ehen zum Scheitern verurteilt sind, und bewirkt zugleich das Mitfühlen mit Effi.
Anforderungen an die Figuren	In den Figuren müssen sich Typ und Individuum so mischen, dass einerseits allgemeingültige Wahrheiten vermittelt werden und andererseits mit ihnen mitgefühlt werden kann. Dazu müssen sie moralische »Durchschnittsmenschen« sein, mit denen eine Identifikation möglich ist.	Effi verkörpert den Typus der unbeschwert aufgewachsenen, leidenschaftlichen jungen Frau aus guten Verhältnissen und ist gleichzeitig ein unverwechselbarer Charakter. Dabei ist sie weder so gut noch so schlecht, dass wir nicht angesichts ihrer Affäre sagen könnten, »*wir*, in gleicher Lage, hätten denselben Ausnahmefall eintreten lassen« (WSB III.1: S. 547).

Arbeitsauftrag 4:

Fontanes Realismus
Realismus bedeutet für Fontane die glaubhafte Abbildung der Wirklichkeit, die dabei aber so gestaltet wird, dass allgemeingültige Erkenntnisse über den Menschen, Identifikation mit den Figuren und emotionale Anteilnahme ermöglicht wird.

RECLAM XL TEXT UND KONTEXT

ÜBER **70** TITEL

Klassikertexte mit Materialien im Anhang für den Einsatz im Unterricht

- Text seiten- und zeilengleich mit den Ausgaben der Universal-Bibliothek, daher parallel verwendbar
- Erklärungen schwieriger Wörter am Fuß jeder Seite
- Im Anhang: ausführliche Sacherläuterungen und weitere unterrichtsrelevante Text- und Bilddokumente
- Großes Format: Platz für Randnotizen
- Herausgegeben von erfahrenen Lehrer/innen und Fachdidaktiker/innen

RECLAM XL – TEXT UND KONTEXT
THEODOR FONTANE
Effi Briest
Hrsg. von Wolf Dieter Hellberg
380 S. · ISBN 978-3-15-016107-4 · € 6,80
Auch als E-Book

Weitere Informationen zu Titeln und Reihen für Schule und Universität:
www.reclam.de/schule_und_studium